神社の起源と歴史

新谷尚紀
SHINTANI Takanori

吉川弘文館

目　次

第2章　律令祭祀と伊勢神宮・出雲大社

第3章　平安時代の祭祀と神社

第6章　若狭のニソの杜——原初的な神祭りを伝える——

神社の起源と歴史をどう読み解くか　プロローグ

民俗伝承学という立場

本書は、日本の神社の起源とその歴史を追跡してみるものである。起源や歴史の追跡といえば、遺物資料を分析する遺物考古学や、文献史料を分析する文献史学の対象である。そこに、民俗伝承を分析する民俗伝承学が参加して、学際協業という観点から、神社の起源と歴史を立体的に追跡してみようと試みる。

本書で提示する民俗学とはフォークロア folklore の翻訳学問ではない。柳田國男《やなぎたくにお》が創始し、折口信夫《おりくちしのぶ》が深く理解し協力した民間伝承 tradition populaire の学問である。現在の研究姿勢に即していうなら、伝承文化分析学 cultural traditionology の語がふさわしい学問である。柳田や折口の民俗学から発展させるという意味を残すために、ここでは民間伝承学の民間に替えて民俗を使い、伝承を対象とする学問であるという意味で、民俗伝承学と名乗ることにする。

立体的・動態的に歴史を追究する

この民俗伝承学は、日本の歴史と文化を、伝承 traditions と変遷 transitions という両者一体のものとして、立体的で動態的な実相を解明しようという視点と方法に立つ新しい広義の歴史科学である。歴史科学であれば、伝統的な文献史学、近代以来の遺物考古学との学際協業は必須であり不可欠である。そして、その文献史学と考古学という強力な歴史科学の分野との協業をめざす上で、まず民俗伝承学の視点と方法を紹介しておくならば、（1）個別情報を断片として扱うだけでなく相互の比較研究という方法をとる、（2）それらの情報を相互連関的な構造的な把握の観点から読み解くという方法をとる、ということである。

神社の起源を考える視点

たとえば、第一に、神社の起源を考える上でも、①水田稲作定着困難期の、前十世紀後半期から前三世紀までの約六五〇年間の時代の存在、②水田稲作定着と古墳造営機能が連関して租税確保・労働力徴用という王権支配システムの持続可能化をもたらしたこと、③「稲の王」としての天皇と、その稲の王権の成立の背景について、文献史料の「養老令春時祭田条《ようろうりょうしゅんじさいでんじょう》」から推定される田租《でんそ》の徴税における初穂《はつほ》献納という意味づけと労働力編成の上での米飯と米酒の活用という視点が有効であること、などに注目する。つまり、①稲作定着困難期、②稲作定着と古墳造営、③養老令春時祭田条、の三件を、それぞれ単独の歴史情報ではなく、上記の（1）と（2）の観点からとらえることによって、相互に関連しているという読み解きを行なう。

第二に、広く神社祭祀の事例を集めて比較する視点から、沖《おき》ノ島《しま》のような磐座《いわくら》祭祀、石上神宮《いそのかみじんぐう》のような禁足地《きんそくち》祭祀、伊勢《いせ》神宮《じんぐう》のような一定の祭祀の時季の循環の中で新たに社殿を造営して行なわれる動態的祭祀、出雲《いずも》大社《たいしゃ》のような定立され固定化された社殿で行なわれる神霊常在の社殿祭祀、など、現在観察される日本各地の神社祭祀の多様性は、神社祭祀の歴史がたどってきたそれぞれの段階差を表わしている歴史情報であると読み解く比較研究の視点である。現実社会の多様性は無秩序で乱雑なものではなく、一定の秩序性の中の多様性であることを見据える視点でもある。

第三に、神社の起源と歴史を通史的にとらえる有効性についてである。一つの事例研究として、たとえば和歌山県の隅田《すだ》八幡宮《はちまんぐう》のように、もともとは中央の権門寺社《けんもんじしゃ》にとっての荘園鎮守社《しょうえんちんじゅしゃ》として創立された神社が、在地武士の隅田党《すだとう》の氏神《うじがみ》へと変化し、近世農村の氏神へ、そして近現代社会の村落の氏神へと変遷する動態を追跡することの有効性を提示する。神社自体の存続という伝承性と、その一方での、放生会《ほうじょうえ》や流鏑馬《やぶさめ》や宮座《みやざ》などの旧来の民俗伝承の喪失と、新たな村人によるだんじり屋台の登場や行政の関与による祭日変更というような変遷を、伝承の動態の中で分析する。

第四に、大きくは伊勢神宮や出雲大社から、小さくは若狭《わかさ》大島《おおしま》のニソの杜《もり》まで、日本各地の大小の神社祭祀の装置の幅広い多様性の中には、日本歴史の中に刻み込まれた神社祭祀の変遷と伝承のそれぞれの段階差が見出されるという比較研究の視点である。日本各地の郷村社会の氏神や鎮守についても、その地域社会の一定の範囲の中には必ず、大きな氏神社や鎮守社だけでなく、中小さまざまな神《じん》祇《ぎ》が神社や小社や小祠《しょうし》また巨岩や大樹《たいじゅ》や聖別される杜などのかたちで信仰の対象となっているという現実がある。それらを一まとまりのものとして把握し比較していく方法の有効性について指摘する。神祇の多様な存在形態とは、いずれも神社がたどってきた過去の歴史の一コマなのである。

学際協業の発展をめざして

ただし、伝統的な歴史学にとっては、これらの提言はおそらくはすぐには理解しにくい視点と方法であるかもしれない。しかし、歴史学者の先達の一人、井上光貞《いのうえみつさだ》氏が、今後を見据えて、歴史学、考古学、民俗学の三学協業のもとに分析科学も参加して相互の学際協業による広義の歴史学の創生へ向けて、その先端的研究機関、研究博物館として、国立歴史民俗博物館（一九八一年設置、一九八三年開館）の創設に尽力しそれを実現にまでこぎつけたのは、意義ある歴史事実である。その井上氏の構想した学際協業による新たな広義の歴史学の創生をめざした国立歴史民俗博物館の研究部に、約二〇年近く拙いながらも研鑽を積むことができた筆者のささやかな恩返しという思いで、至らぬ内容ではあるが、ここに感謝の念を込めてまとめてみる次第である。

学際協業は「言うは易く行なうは難し」である。専門領域で安全であった自分が、未知なる異なる領域の研究者の前に無知をさらけ出してしまい、いたく傷つく危険がつねにともなっているからである。あえて恥を忍んで本書は学際協業のための捨て石の覚悟で臨んでみた。

第1章　神社と古代王権

1　神社とは何か

『日本書紀』にみえる神社

『日本書紀《にほんしょき》』にみえる神社の記事として注目されるのは、（1）天武紀《てんむ》の「神社」、（2）斉明紀《さいめい》の「神之宮」、（3）崇神紀《すじん》の神話伝承の中の「神宮」、（4）神代の神話伝承の中の「宮」、の四件である。

天武紀の神社に関係する記事は以下のとおりである。神社という文字がみえるもっとも早い例が、天武十三年（六八四）十月十四日条の、大地震で「諸国の郡の官舎、及び百姓の倉屋、寺塔神社、破《や》壊《ぶ》れし類、勝《あげ》て数ふべからず」とある記事である。そこには「寺塔神社」つまり神社は寺院堂塔とセットで書かれている。それらの建物が大地震で倒壊したというのであるが、この地震によって伊予《いよ》の温泉が没《うずも》れて出なくなり、土佐《とさ》国の田苑《でんえん》五十余万頃《しろ》（約一二〇〇㌶）が没れて海となり、伊豆島では地面が高く盛り上がって新しい島ができたという。いまでいう南海トラフ沿いの大地震の一例で、歴史的には白鳳《はくほう》の大地震と呼ばれているものである（今村　一九四一）。

ここでは「神社」と記されているが、これよりやや早い天武十年正月十九日条には、「畿《き》内《ない》及び諸国に詔《みことのり》して天社地社の神の宮を修理《おさめつく》らしむ」とある。つまり、「社」とも「宮」とも記されている。そして、さらに早い天武六年五月二十八日条には、勅して「天社国社の神税《かむちから》は三つに分ちて一つをば神に擬供《つかえまつ》るためにし二分をば神主《かんぬし》に分ち給え」と命じたとある。この「天社地社」や「天社国社」は「あまつやしろくにつやしろ」と訓むのであろう。それは大宝《たいほう》元年（七〇一）成立の大宝令の神祇令《じんぎりょう》にいう「天神地祇《てんじんちぎ》」の社という意味に通じるものと考えられる。

神祇令の「神の宮」

その神祇令十七条には「常祀之外須向諸社供幣帛者」、二十条には「神戸調庸及田租《かんべのちょうようでんそ》者並充造神宮及供神調度《ちょうど》」とあり、「神社」ではなく「諸社」とか「神宮」とある。

この二十条の「神戸調庸及田租者並充造神宮及供神調度」という定めは、すでに井上光貞氏が指摘しているように、上記の天武紀が記す神税の三分の一が神供に、三分の二が神主にという分割の勅に対応するものであろう（井上 一九七六）。ただし、その二十条「神戸調庸及田租者並充造神宮及供神調度」の中の「神宮」の訓みは、日本思想大系本の『律令』が読み下しているような音読みではなく、訓読みであったと考えられる。なぜなら、音読みであればそれは伊勢神宮《いせじんぐう》の意味となってしまうからである。この令文は、神戸の庸調や田租は神の宮の造営に充てるとともに神の調度に供する分に充てよ、という意味である。つまり、伊勢神宮の造営のための費用ではなく、畿内をはじめ五畿七道の各地の神の宮の造営のための費用という意味である。ちなみに、この「神祇令」には十七条の注に「伊勢神宮」の文字があるが、これは井上光貞氏も指摘しているように、後の加筆でありもとの令文にはなかったものと考えられる。そこで、その背景を考えるならば、十七条に「伊勢神宮」の注が後に加筆されたのは、二十条の本文「充造神宮」の「神宮」を明法道《みょうぼうどう》の関係者が音読みするようになってから後のことと推察される。

広瀬大忌祭と龍田風神祭

天武紀にはほかにも、神と社の記事が頻出する。天武元年（六七二）七月の壬申の乱の最中に高市《たけち》郡《ぐん》大領高市県主許梅《たけちのあがたぬしこめ》に神懸かりした事代主神《ことしろぬしのかみ》が居る高市社の例をはじめ、生魂神《いくむすひのかみ》が居る身狭《むさ》社、村《むら》屋《や》の神とその社、二年八月に忍壁皇子《おさかべのおうじ》を遣わして膏油《こうゆ》で神宝を瑩《みが》かせた石上神宮《いそのかみじんぐう》、朱鳥《しゅちょう》元年（六八六）六月に草薙剣《くさなぎのつるぎ》を奉置した熱田《あつた》社、などである。大来皇女《おおくのひめみこ》が遣侍するため天武二年四月に参向しようとした天照太神宮は、「じんぐう」ではなく、「あまてらすおおみかみのみや」と訓むものと考えられ、それは宮ということになる。

そして、天武朝の神祇祭祀の事績で特筆されるのは、天武四年（六七五）四月から風神《ふうじん》を龍田《たつた》の立《たて》野《の》に祠《まつ》らせ、大忌神《おおいみのかみ》を広瀬《ひろせ》の河曲《かわわ》に祭らせ始めたことである。この龍田と広瀬の風神祭《かぜのかみのまつり》と大忌祭《おおいみのまつり》は風水の害のないことと山谷の水が水田をうるおし五穀《ごこく》を稔らせることを祈る、朝廷にとって重要な祭りで、こののち広瀬大忌祭と龍田風神祭の順で恒例となり「神祇令」には孟夏（四月）、孟秋（七月）の祭と規定された。

斉明紀の「神之宮」

斉明紀の「神之宮」の記事は、斉明五年（六五九）是歳の条にみえる。出雲国造《いずものくにのみやつこ》に対して「神之宮」を修厳《つくりよそ》わしむるようにと命じた記事である。そのときの出雲国造の名前は記録が闕《か》けており不明だというが、斉明は天武の母親にあたる。斉明五年は、朝鮮半島で唐《とう》と新羅《しらぎ》の圧迫の前に百済《くだら》が滅亡する前年である。斉明天皇と中大兄皇子《なかのおおえのおうじ》は六六三年に百済再興への支援のための軍勢を派遣して、結局は白村江《はくそんこう》の戦いで敗戦を喫しているのだが、その派兵を前にして出雲国造に命じて「神之宮」を修厳わしめたというのである。

この「神之宮」は現在の出雲大社《いずもたいしゃ》、つまり杵築大社《きづきのおおやしろ》に関する歴史的な最古の記事と考えられる。これを東出雲の熊野大社《くまのたいしゃ》とみる説もあるが、やはり海岸部に立地して半島に向かって建つ杵築大社と理解するのが正しいであろう。ここでは神社ではなく「神之宮」と記されており、「社」ではなく「宮」という表記である。

崇神紀の「神の宮」

崇神紀の「神の宮」は、歴史としてではなく神話の中での情報である。伊勢神宮の創祀を伝える崇神天皇と垂仁天皇《すいにんてんのう》の時代の記事である。

崇神天皇七年、三輪山《みわやま》の大物主神《おおものぬしのかみ》の夢の告げによりその祭主《さいしゅ》を茅渟県《ちぬのあがた》の陶邑《すえむら》に住んでいた大田田根《おおたたね》子《こ》という人物としたというのだが、その大田田根子は父が大物主大神で、母が陶津耳《すえつみみ》の娘の活玉依媛《いくたまよりひめ》であった。そのとき同時に、倭大国魂神《やまとのおおくにたまのかみ》の祭主を大倭直《やまとのあたい》の始祖の市磯長尾市《いちしのながおち》とすることにした。そして、その他に八十万《やそよろず》の群神を祭るために「天社《あまつやしろ》・国社《くにつやしろ》及び神地《かむどころ》・神戸《かんべ》」を定めた、と記されている。そこでは神社の意味で「天社」「国社」と表記されている。これはのちに天武天皇の時代に、各地の「諸社」に使いを遣わして幣帛《へいはく》を奉ることとしたという記事にも対比されるもので、「社」という表記が共通している。諸社は「もろもろのやしろ」、天社は「あまつやしろ」、国社は「くにつやしろ」と訓まれたのであろう。

崇神天皇はその八年十二月二十日に、大田田根子に大物主大神の祭りを行なわせたが、そのとき「大神《おおみわ》の掌酒《さかびと》」に任ぜられたのは、高橋邑《たかはしのむら》の活日《いくひ》という人物であった。その活日が天皇に神酒《みき》を献じるときに詠《うた》ったのが、次の歌である。

此の神酒《みき》は　我が神酒ならず　倭成す　大物主の　醸《か》みし神酒　幾久《いくひさ》　幾久

そして、「神宮に宴《とよのあかり》す」と記されている。そして、その宴が終わったころに諸大夫《しょだいぶ》たちが詠ったのが、次の歌である。

味酒《うまさけ》　三輪の殿の　朝門《あさと》にも　出でて行かな　三輪の殿門《とのと》を

天皇も次のように詠った。

味酒　三輪の殿の　朝門にも　押し開かね　三輪の殿門を

そして、「即ち神宮の門を開きて幸行《いでま》す」とある。

つまり、「三輪の殿」が「神宮」と記されているのである。「三輪の殿」、「神宮」の門を開けて、いざ宴の場をあとにしよう、という意味の歌である。大物主大神を祀る三輪の地には三輪の宮殿があったと詠われているのである。そして、「大田田根子は、今の三輪君等が始祖なり」とある。

出雲の「天の日隅宮」

神話伝承の中の、神代下第九段一書第二には、「大己貴神《おおなむちのかみ》に勅して曰く、（中略）汝は以て神事を治《しら》すべし。又汝が住むべき天《あまめ》の日隅宮《ひすみのみや》は、いま供造《つく》りまつらむこと、即ち千尋《ちひろ》の栲縄《たくなわ》を以て、結《ゆ》ひて百八十紐にせむ。其の宮を造る制《のり》は、柱は高く大《ふと》し。板は広く厚くせむ」とある。つまり、大己貴神の住まいを宮と呼んでいるのである。

神社は漢語

これらの記事から指摘できることとは何か。それは、一つには、神社とは漢語であり大和言葉ではないということである。

「神社」という漢語が日本の語として流通するのは、八世紀の奈良朝以降のことである。比較的早い例が、『類聚三代格《るいじゅさんだいきゃく》』に収める神亀《じんき》二年（七二五）七月二十日付の詔の「神社事」「諸国神祇社内多有穢臭」の記事や、宝亀《ほうき》八年（七七七）三月十日付の太政官符《だじょうかんぷ》の「掃修神社潔斎《けっさい》祭事」「若諸社祝等不勤掃修神社損穢」という記事である。それらは、祝が掃き修めて清浄にしておかないと神社が穢れてしまうという記事である。

その意味では、『日本書紀』の天武十三年（六八四）十月十四日条の「寺塔神社」の例はひじょうに早い例といえる。『古事記《こじき》』に、その神社の表記がないのは大和言葉だからだと考えることができる。

『古事記』では、神の坐《いま》すところとして、一つは天照大御神が隠れた天の岩屋戸や、伊都之尾羽張神《いつのおはばりのかみ》の坐す天の石屋、二つは大国主神《おおくにぬしのかみ》のすみかとして造られた天《あめ》の御舎《みあらか》や、その大国主神の別名葦原色許《あしはらしこ》男大神《おのかみ》の坐す出雲の石硐《いわくま》の曽宮《そのみや》、三つは崇神天皇が祀ることを定めた各地の天神地祇の社、である。つまり、神の坐すところとして『古事記』にあるのは、石屋戸《いわやと》、舎《みあらか》、宮《みや》、社《やしろ》である。これらが古い言葉であったと考えられる。そこで、これらの古い言葉の意味について考えてみる必要がある。とくに、「みや」と「やしろ」の意味である。

天皇の宮

まず、「みや」「宮」という言葉は、『古事記』や『日本書紀』や『万葉集《まんようしゅう》』では、天皇の坐す建物という意味で使われている。

『古事記』では、神武天皇《じんむてんのう》（神倭伊波礼比古命《かむやまといわれびこのみこと》）の高千穂宮《たかちほのみや》をはじめとして、推古天皇《すいこてんのう》（豊御食炊屋《とよみけかしきや》比売命《ひめのみこと》）の小治田宮《おはりだのみや》まで一貫している。『日本書紀』でも、神武天皇（神日本磐余彦《かむやまといわれびこ》天皇）の橿原宮《かしはらのみや》から、持統天皇《じとうてんのう》（高天原広野姫天皇《たかまのはらのひろのひめのすめらみこと》）の新益京《しんやくのみやこ》の中の藤原宮《ふじわらのみや》まで一貫している。崩御《ほうぎょ》の場合も安置されている建物は殯宮《もがりのみや》と呼ばれており、宮は貴い天皇の坐す建物という意味が基本とされており、行幸《ぎょうこう》の場所の建物である行宮《かりみや》もやはり宮であった。

『古事記』下巻の仁徳天皇《にんとくてんのう》の皇后が滞在していた山代《やましろ》の筒木《つつき》の奴理能美《ぬりのみ》の家のことを、「山代の　筒木の宮に物申す　吾が兄の君は　涙ぐましも」の歌で、「都都紀能美夜邇」（筒木の宮に）と詠んでいる例や、『万葉集』四〇九九の大伴家持《おおとものやかもち》の「古《いにしへ》を思ほすらしもわご大君《おおきみ》　吉野の宮をあり通い見《め》す」の歌で「余思努乃美夜乎」（吉野の宮を）と詠んでいる例など「美夜」と書かれており、天皇や皇后の滞在所はいずれも宮であった。

自然神の社

それに対して、「やしろ」「社」という言葉は、『万葉集』四三九一の東国《とうごく》の結城郡《ゆうきぐん》の忍海部五百麿《おしぬみべのいおまろ》の「国国の　社の神に幣束奉《ぬさまつ》り　贖祈《あがこい》すなむ　妹《いも》がかなしさ」の歌で、「夜之里乃加美尓《やしろのかみに》」と書かれており、『日本書紀』に、天社とともに国社とか地社と書かれているように、それらは地方の各地でも人々によって祀られていた自然の神の「やしろ」「社」であったと考えられる。

また、『万葉集』二三〇九の譬喩歌《ひゆか》には、「祝部《はふりべ》らが斎《いわ》ふ社の黄葉《もみじば》も標縄《しめなわ》越えて散るといふものを」という歌があり、そこでは「社」の部分が、「斎経社之」と書かれており、万葉かなの表記ではないが、意味は標縄の内が「やしろ」とされている。黄葉もその標縄を越えて散るのに、貴女はなぜかこだわっていますね、という恋心を歌ったものである。その二三〇九の歌の「社」も四三九一の歌の「夜之里」と同じく、幣束を立て標縄で囲まれた神の斎地・祭地の意味であり、とくに社殿はなかった可能性が高い。

宮と社

宮は、一つには、出雲の大己貴神を祀る「天日隅宮《あめのひすみのみや》」つまり出雲国造の祀る「神之宮」、大和の三輪の大物主の「神の宮」、大和の石上の「神の宮」、伊勢の天照太神宮の「神の宮」など、大和王権にとって重要と位置づけられた神の宮という意味であり、もう一つには、歴代の天皇の住む建物、それに関連して皇后をはじめ皇族の住む建物という意味、の二つがあったことになる。そして、この両者に、宮という呼称が共通して用いられていたことは、天皇が神と共通する存在と考えられていたことを意味している。

一方、社は、人間の住まいではなく、自然の神、神霊をまつる場所、もしくは建物という意味で用いられていたと考えられる。したがって、「神社」は漢語になれば「じんじゃ」と訓むが、和語であれば「かみのやしろ」と訓むのが自然であったということになろう。

折口信夫の見解

ここで、古典に詳しい折口信夫《おりくちしのぶ》の説を参考にしてみよう。その要点は次のとおりである。

第一に、神を祀っているところとしては、「やしろ・社・屋代」と「みや・宮・御屋」との二つがある。やしろ＝屋代は神が来られるときに屋が建つ場所のことで、みや＝御屋は常在される神の居られる建物のことである（折口　一九五〇）。やしろの神というものは、山野の精霊あるいは、自然庶物の精霊の祭祀から出ているものが多い（折口　一九二九）。

第二に、日本古代の民衆が神に対して考えていたのが「大きな神」と「小さな神」という二つである。それは神道でいえば、天つ神と国つ神という語のもつ内容によく似ている。「大きな神」、天つ神というのは、非常に遠い所、非常に高い所、そこから来られる神である。

「小さな神」、国つ神というのは、非常に我々に近いところにいる神である。常に我々が避けているにもかかわらず、あちらから近寄ってきて災いをする、そういう迷惑な存在である。自然物、岩石、草木、動植鉱の物々の中に霊魂があって、時にその物から離れて、我々に接近しようとする。そうした接触の機会にいろいろな災いを我々がうけることになる。我々が今日でももっている神の観念には、非常に尊い存在としての神を考えていると同時に、このように我々にとって迷惑な存在、気の知れないもの、あるいは恐ろしい霊物、と考えられる一種の神もある。

「小さな神」に対して、庶物の精霊その他の、人間でないものがもっている、理会を超越したわずらわしい力を恐れて、祝詞《のりと》では、丁寧な幾分媚びるような、後世で言えば、敬語的な表現をしている。鎮火・風神・祟神などに対する祝詞も、他の大きな神に対する祝詞と同じように、敬語を使っている（折口　一九五〇）。

第三に、「大きな神」と「小さな神」とを区別する言葉は古くにもあった。それは、神に対して、庶物の精霊という意味で、「もの」という語であった。物部《もののべ》・もののふ・物怪《もののけ》・物代《ものしろ》・大物主・ものしりびとなどに共通する古語の「もの」である。

一方、「大きな神」は、円満な人間的な相貌で、天御中主神《あめのみなかぬしのかみ》の信仰のように、非常に抽象的な、大空に遍満する神を考えていたようである。そのような「大きな神」は常に我々の住むところにはいなくて、周期的にやってきて、我々を苦しめる「小さな神」＝「もの」を押さえ却け降伏させて、再びこの神が来訪するまでは、人間たちに禍《わざわい》をしないことを誓わせて去っていく。「大きな神」の住む世界とは、人間の世界からは遥かな海を隔てた島や陸であり、あるいは海中であり、大空である、というように、その住む世界についての人びとの考えにはだんだんの推移があった。他の宗教の言葉でいえば、神の楽土、また浄土などのことである。それは主として海の彼方にあると考えられていた。これが日本におけるもっとも古い他界観念であろう（折口　一九五〇）。

この折口信夫の説は、このままでは文献史学の中に位置づけるのは難しいかもしれない。しかし、ここまでに整理してみた『古事記』『日本書紀』『万葉集』にみえる、みや（宮）とやしろ（社）の用語例と矛盾するものではない。むしろ、記録の表面に現れているみや（宮）とやしろ（社）の用語例の奥底に存在する構造的な世界を解説している文章として評価できるであろう。

王権と精霊

「大王」「天皇」の事績を中心に記す『古事記』『日本書紀』の、崇神紀や天武紀などで「天社地社」「天社国社」の記事が早くからみえているのは、「大王」「天皇」の王権が各地を支配していく以前から、それぞれの土地で暮らす人たちによって山野自然の精霊の類がその地で畏れ祀られていたことを意味しているのであろう。

そして、「大王」「天皇」が、政治王であり同時に祭祀王であるという王権の二重性論という観点からすれば、一定の地方王権も含めてそれぞれの祭祀王としての属性を強化する上で、山野自然の精霊の類を祀る「やしろ」「社」の祭祀もその管轄下・統治下に治めるとともに、それとは別に自らの王権の独自の神霊の祭祀も行なう必要性があり、その神霊を祀る装置として「みや」「宮」が設営されていったものと考えられる。その意味から理解すれば、「大王」「天皇」の祭祀装置が「宮」と位置づけられたことは合理的に理解できる。地方王権の出雲の大己貴神の祭祀装置も「宮」、三輪の大物主神の祭祀装置も「宮」、物部氏の祭祀装置であった石上の神の祭祀装置も「宮」と位置づけられたということは、その三者が「大王」「天皇」と密接不可分な存在であったことを示す。

折口信夫のいう「大きな神」「天つ神」と「小さな神」「国つ神」という二つの分類のうちでも、神祇令の天神地祇の分類の中で、天神《てんじん》「天つ神」ではなく、地祇《ちぎ》「国つ神」と位置づけられている出雲の大己貴神や三輪の大神などは特別であり、『古事記』『日本書紀』でそれらは「大王」「天皇」との関係の深さから「みや」「宮」と呼ばれていたと考えられるのである。

2　稲作と王権

自然と霊威

神社の神霊や人間の霊魂など信じない、死後の世界などない、ただ無だけだ、という人も多いことであろう。たしかに死の経験を誰も人に伝達できない、だから論理的に想定可能な範囲内で、死後は、①無、②来世（往生）、③今生《こんじょう》（生まれ変わり）の三つしかないと考えられている（立花　一九九四）。

しかし、なぜ人は死を考えてしまうのか、それは人類ホモサピエンスが進化の過程で死を発見してしまった種だからである。同じ霊長類でもニホンザルは死を発見していない。ときどき見られる死んだ子ザルを抱いている母ザルの行動も、急に反応しなくなって冷たくなった子ザルに対してどうしたらいいかわからない、処置なし、の状態に過ぎないと霊長類の研究者はいう（水原　一九八八）。

死の発見

死の発見は、ホモサピエンスに底知れぬ恐怖を与え、精神的なビッグバンをもたらした。それが生の発見であり霊魂観念と他界観念の発生であった。つまり、宗教の誕生であり、ホモサピエンスは霊魂の世界を考える種となったのである。

地球上のどんな社会でも、霊魂観的な他界観的な何らかの装置が必ずあるのはそのためである。肯定しようが否定しようが、人間は霊魂観念と他界観念から離れることのできない種となってしまった。

日本の歴史を古くさかのぼっていけば、もちろん神社がなかった時代があり、日本という国もなかった時代があった。たとえば、そのような旧石器の時代であっても、その時代に住んでいた人びとの意識の中に霊魂観念があったことは確実であろう。そして、その旧石器の時代から、縄文時代へ、弥生時代へという歴史の推移があったということ、それはこれまで古代史の常識であった。しかし、そのうちの縄文時代から弥生時代へという歴史の常識はその一部が大きく崩れてきている。

水田稲作定着までの約六五〇年間

二〇〇三年に、AMS（加速器質量分析法）炭素一四年代測定法を用いて、紀元前十世紀後半には九州北部の玄界灘《げんかいなだ》沿岸地域で稲作が始まっていたことが発表された。

弥生文化を、水田稲作をともなう文化とする観点からすれば、九州北部ではその紀元前十世紀にすでに弥生時代が始まっていたことになる。その後の水田稲作の伝播を追跡すると、瀬戸内西部地域まで約二〇〇年ほど、摂津《せっつ》・河内《かわち》地域までは約三〇〇年ほど、奈良盆地には約四〇〇年ほど、中部地域には約五〇〇年ほど、南関東地域には約六五〇年から七〇〇年ほどの時間がかかったことがわかってきた。そして、東北地方北部には関東地方南部よりも早く前四世紀頃には日本海側を北上して稲作がいったん伝わっていたが、前一世紀になるとその東北北部では稲作を放棄してしまっていたことも明らかとなった（設楽　二〇〇四、春成・今村　二〇〇四、西本　二〇〇六・二〇〇七、広瀬　二〇〇七、藤尾　二〇一一）。紀元前九〇〇年代後半に北部九州で水田稲作が始まってから、紀元前二〇〇年代に関東地方南部に広まるまでに、およそ六五〇年から七〇〇年という長い時間がかかったことになる。それは歴史年代の時代幅から考えてみれば、およそ鎌倉・室町時代から平成・令和の現代までという長い時間の経過があったということである。

ただし、稲作は東北地方の現在の山形市から仙台市を結ぶ線あたりを北限としてそれ以北には定着しなかった。つまり、前十世紀後半から前三世紀までの日本列島では、西日本から東日本にかけて稲作の普及が約六五〇〇年から七〇〇〇年という長い時間幅をもってゆっくりと東漸普及していった状況があり、またその稲作がついに受容されなかった東北地方北部があったということになる。

なぜ、稲作の普及にこのように長い時間がかかったのか。いくつかの可能性が考えられるが、第一に、稲作労働の過酷さが推定される。採集、狩猟、漁撈という生業複合の中で自然循環のシステムにおいて生活できていた人たちに対して、強制的に灌漑土木とその施設維持や水田稲作労働とそれに伴う施肥《せひ》や除草や害虫鳥除けなどさまざまな重労働を課していくことには大きな困難があったと推定される。

第二に、灌漑による水田稲作には多くの人手が必要であり、その労働力を動員して統率する権力とシステムとが不可欠である。労働を強制される階層と、収穫物を集積する階層という両者の形成が必然となる。その形成と持続可能な体制の構築とその普及には長い時間が必要であったと推定される。

労働力動員システムとしての古墳築造

なぜ、古墳文化が、水田稲作が定着しなかった東北地方北部を明確に区別して、それ以南の範囲にしか発生展開しなかったのか。その第三の問題も、この紀元前の約七〇〇〇年間のいわば「稲作定着困難説」に連動しているといってよいであろう。古墳の築造はその被葬者である首長や王の権力表象でもあり、その生前からのシステマティックな労働力の把握とその動員力とを不可欠としている。つまり、水田稲作における労働力の動員力がすでにその背景にあってこその古墳築造工事であったと考えられるのである。水源の祭祀と灌漑の技術と管理をともなったであろう水田稲作のシステムの構築によって実現した労働力結集の持続可能化と、その労働力の農閑期における余剰部分の継続的結集活用という意味が古墳築造にはあったと考えられる。

二〇〇年代半ばに出現したのが、奈良盆地の纒向遺跡《まきむくいせき》や箸墓古墳《はしはかこふん》である。それは『魏志《ぎし》』倭人伝《わじんでん》の卑弥呼《ひみこ》の時代であり、前方後円墳を中心とする古墳の築造が始まる時代でもあった（広瀬 二〇〇三・二〇一九、石野 二〇〇一・二〇〇八）。

東北地方北部を除き日本列島が画一化していく時代の始まりであった。その後、遣隋使派遣の七世紀初頭を大きな画期として、典型的な例としては見瀬丸山古墳《みせまるやまこふん》を最後に、約三五〇年間続いた古墳時代は終焉を迎える。その間、計約五二〇〇基もの巨大古墳（前方後円墳＝約四七〇〇基・前方後方墳＝約五〇〇基）が日本各地で築造された。

では、その古墳時代とはいったい何であったのか。それはそれぞれの首長王権のもとに水田稲作をその社会に徹底的に定着させていった時代であった点にこそ、歴史的な意義がある。それは当然、稲を租税として集積するシステムを構築し、それを洗練し強化して持続可能なものとしていった時代でもあった。その前提があったからこそ、七世紀の古代律令国家の形成が可能となったのである。

稲の祭りと神社祭祀

古墳時代を超克していった七世紀の中央王権は、中国王朝の権力システムを導入してやがて律令国家の構築へと至る。その完成段階の天武・持統の時代こそ、「倭」から脱皮して「日本」が誕生し（吉田　一九九七）、仏教寺院への信仰とはまた別に神社祭祀が国家的な規模で整備されていく時代であった。その神祭りの中心が稲の祭りであり、稲と米は権力と祭祀に密着したもの、政治の結晶としての歴史をその後も刻んでいくこととなる。新嘗祭《しんじょうさい》と大嘗祭《だいじょうさい》、そして広瀬の大忌神祭と龍田の風神祭の整備と定例化とが、まさにその天武朝を画期としていたのであった。

そして、その後の日本の長い歴史を通じて稲と米は、祭祀の上でも政治の上でも重要な意味を持ち続けた。たとえば、祭祀の上では天皇の毎年の新嘗祭や王権の継承と即位に際しての践祚《せんそ》大嘗祭、また伊勢神宮の日《ひ》別朝夕大御《ごとあさゆうおおみ》饌《け》祭《さい》や毎年の神嘗祭におけるもっとも重要な神饌として伝承されてきたのが稲と米である。政治の上でも古代の律令制下の租庸調の田租、古代中世の荘園公領制下の年貢、近世の幕藩制《ばくはんせい》下でもその稲と米の生産高を基準とする所領《しょりょう》支配と徴税システムとしての石高制《こくだかせい》が整備され、そのもとで年貢米が重要な意味をもったのであった。

3　倭王は日の御子

卑弥呼は日の巫女

日本歴史の中で、神社の起源を追跡するには、「大王」「天皇」という存在と、その権威の根源である神祇祭祀について解明することが何よりも重要である。そこで、まず注目されるのは、邪馬台国《やまたいこく》の女王卑弥呼《ひみこ》である。

後の天皇につながる倭王の系譜は、古くは『魏志』倭人伝の記す三世紀半ばの邪馬台国の女王卑弥呼にまでさかのぼる。

卑弥呼は邪馬台国の女王であると同時に、魏王朝から「親魏倭王」の称号と金印紫綬《きんいんしじゅ》を授けられた倭王であった。その卑弥呼の呼称については、古代中国語の研究成果として邪馬台がヤマド、卑弥呼がヒムカ（日向）と発音されていたことが指摘されており（長田 二〇一〇）、卑弥呼は文字通り、日の巫女、日の御子であり日神《ひのかみ》を祭る宗教的女王であったと考えてよい。その日神を祭る女王が魏王から銅鏡一〇〇枚を「汝好物」といわれて下賜《かし》されたということは重要である。文書行政の段階にまだ至っていなかった邪馬台国の女王卑弥呼にとってもっとも貴重だったのは、金印よりもその魏王から「汝好物」とまでいわれた銅鏡であった。それは、一つには、稲作の王として崇め祀る太陽の表象物であったからであり、もう一つには、それこそが三世紀以降の邪馬台国連合とも呼べる前方後円墳国家連合の時代を通じての、中央王権と地方王権とをつなぐ宝器でもあったからである。

三種の神器は王権連合の紐帯

卑弥呼の銅鏡は、稲作の王たちの王権連合の紐帯としての機能の上でも重要不可欠であった。それは神話的には三種の神器と呼ばれた「銅鏡・鉄剣・勾玉《まがたま》」の組成である。考古学の知見によれば、銅鏡の全国頒布を推定させる分布状況とともに、鉄剣や勾玉にも同様の分布状況がみられ、それらが中央と地方の王権連合の紐帯的な宝器として贈与《ぞうよ》と下賜の関係において大きく機能していたものと考えられる。

出雲最古の古墳といわれる島根県加茂町の神原神社古墳《かんばらじんじゃこふん》出土の景初三年銘三角縁神獣鏡《さんかくぶちしんじゅうきょう》は、ちょうどその卑弥呼の時代の銅鏡であり、ずっと後の五世紀の有名な関東の稲荷山古墳《いなりやまこふん》出土の鉄剣や九州の江田船山古墳《えたふなやまこふん》出土の鉄剣の例も、そのような「銅鏡・鉄剣・勾玉」という王権連合の贈与交換財として機能した宝器の一環といってよいであろう（小林　一九五七）。それは、出雲神宝《しんぽう》や石上神宝と天皇によるそれらの神宝の検校《けんぎょう》や管掌《かんしょう》を語っている記紀神話や、出雲国 造 神賀詞《いずものくにのみやつこのかんよごと》奏上にともなう神宝の献上と負幸物《おいさちもの》の下賜という関係で伝えられた歴史事実からも指摘できる。

東西軸の纒向遺跡

最近の考古学の研究成果によって注目を集めたのが大和盆地の纒向遺跡である。その纒向の地が日神祭祀の女王卑弥呼と邪馬台国の故地である可能性が高くなった。二〇〇九年に大規模な建築遺構が発見された纒向遺跡からの情報が貴重である（橋本　二〇一一）。それによれば、（1）時期は、出現期が二世紀初頭、拡大期が二六〇、七〇年頃、消滅が四世紀初頭であり、(2)古墳時代との関係でいえば、開始期古墳の纒向石塚古墳や箸墓古墳などと対応する時期で、年代は二五〇年頃と推定される、(3)邪馬台国との関係でいえば、女王卑弥呼(二三九年)や壱与《いよ》(台与《とよ》)(二六〇年)の時代に相当する、という。

この纒向遺跡が重要なのは、B棟、C棟、D棟が東西軸に沿って整然と建てられている事実である。それは南北軸ではなく、太陽の運行に沿う東西軸の線上である。纒向遺跡は三世紀中葉以降に拡大をみせた邪馬台国の卑弥呼や壱与(台与)の宮殿跡の可能性が高いといってよい。

『古事記』の伝える記憶と伝承の世界では、その史実は伝わらずに、後の倭王権の五世紀後期の雄《ゆう》略天皇《りゃくてんのう》の時代に投影されて「纒向の日代《ひしろ》の宮」と歌われている。史実としての「日の御子」たる卑弥呼の王宮が、のちに記憶と伝承の世界では「高光《たかひか》る日の御子」雄略の「纒向の日代の宮」へと比定されて、それが語り伝えられてきていたのである。つまり、史実としての「卑弥呼の纒向の宮」に対して、伝承としての「雄略の纒向の宮」という関係性である。

纒向遺跡から三輪山祭祀遺跡へ

三世紀中後期の邪馬台国の時代から、四世紀中後期の初期倭王権成立の時代へ、そして五世紀の倭の五王の覇権の時代へ、という古代王権の歴史的展開を考える上で重要なのは、纒向遺跡と三輪山祭《みわやまさい》祀遺跡《しいせき》という二つの遺跡の比較の視点である。宗教的な王権から武力的な王権へという古代王権の移

図1　纏向遺跡

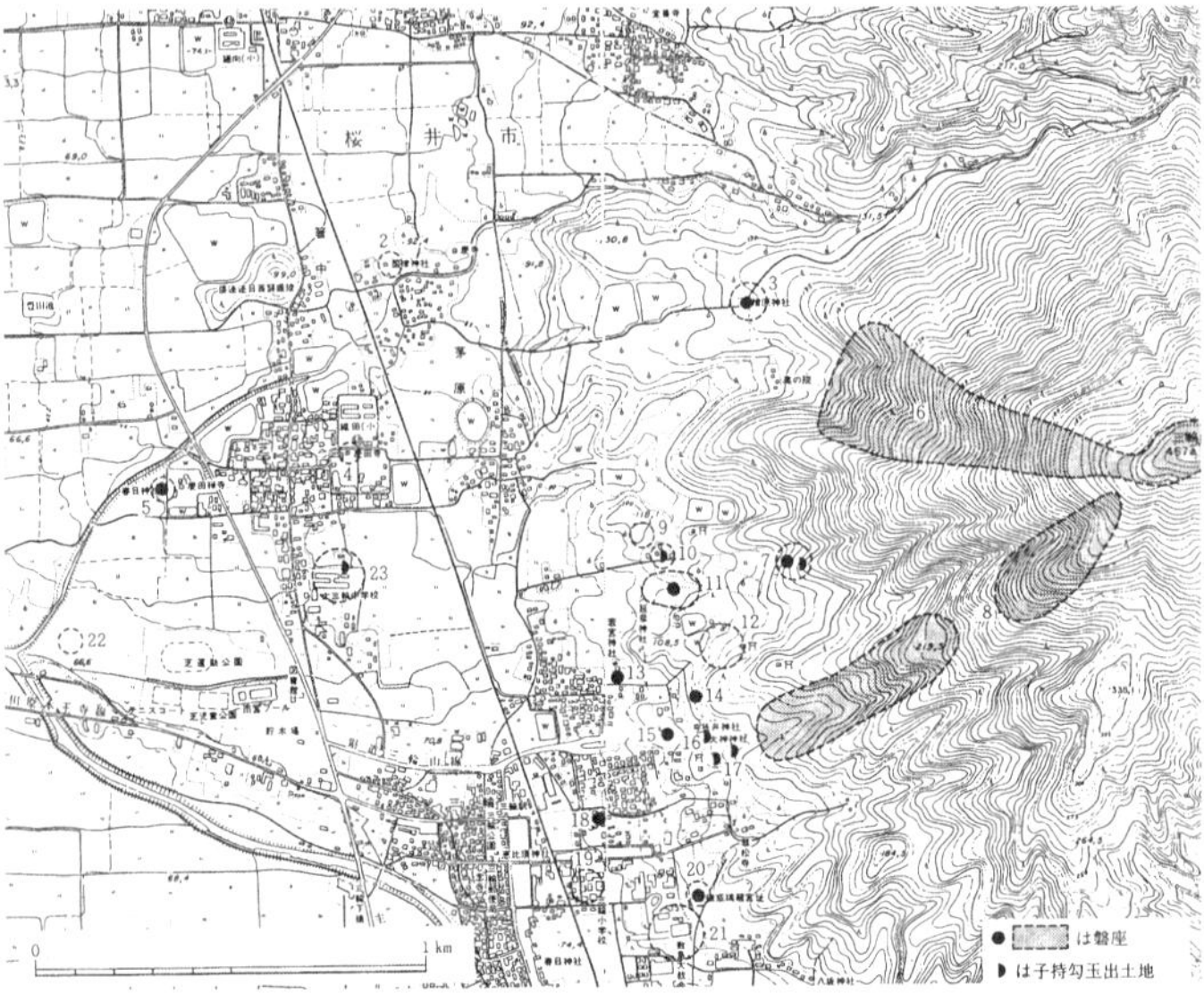

図2　三輪山祭祀遺跡（寺沢薫「三輪山の祭祀遺跡とそのマツリ」和田萃編『大神と石上』筑摩書房，1988年より）

行という問題をそこに探ることができる。三輪山祭祀遺跡のとくに山《やま》ノ神《かみ》遺跡と奥垣内《おくかいと》遺跡の情報はいずれも貴重である（寺沢　一九八八、小池　一九九七）。

まず、その時期は、祭祀の開始が四世紀後半以降でそれから五世紀後半に至るまでの長期間、巨石の磐座《いわくら》を中心に、山ノ神遺跡では小型の素文鏡《そもんきょう》三点や碧玉製勾玉《へきぎょくせいまがたま》五点や水晶製《すいしょうせい》勾玉一点など、奥垣内遺跡では多量の須恵器《すえき》が注目され、ピークを迎えるのは五世紀後半の滑石製《かっせきせい》模造品の奉献の時期で、六世紀前半に終焉を迎えるという。そしてその後は、祭場は磐座から禁足地周辺へ、そして子持勾玉《こもちまがたま》を中心とするかたちへと移行して、六世紀後半からは禁足地での祭祀が中心となっていく、という。

図３　纒向遺跡と三輪山

つまり、纒向遺跡の終焉が四世紀初頭であるのに対して、三輪山祭祀遺跡の開始時期は四世紀後半以降である。その四世紀後半というのは、三九一年を基準年とする高句麗《こうくり》好太《こうたい》王碑文《おうひぶん》の語る時代である。それは、倭王が邪馬台国の女性王・宗教王の段階から新たな男性王・武力王の段階へと大きく転換して、鉄資源や先端技術や先進知識を求めて積極的に半島進出を繰り返すようになっていた時代である。それはその後、『宋書《そうじょ》』倭国伝が、四七八年の倭王武《ぶ》の上表文《じょうひょうぶん》で「昔より祖禰《そでい》、躬《みずか》ら甲冑を擐《つらぬ》き、山川《やまがわ》を跋渉《ばっしょう》して寧処《ねいしょ》に遑《いとま》あらず」と記したような彼らの数代前の先祖たちの事績として語り伝えていた時代の始まりの時期である。

卑弥呼と初期倭王の共通性

三世紀の邪馬台国女王卑弥呼と五世紀の倭の五王との間に断絶をみるか連続をみるか。その問題を考えるとき、第一に、その中間の時代の四世紀における倭王の祭祀王から武力王への転換と半島進出という歴史を想定してみることが有効である。第二に、四世紀後半に開始される三輪山祭祀遺跡と宗《むな》像《かた》沖《おき》ノ島《しま》遺跡《いせき》の巨大な磐座祭祀と「銅鏡・鉄剣・勾玉」という奉献品の共通性に注目してみる。

この二つの視点に立ってみるならば、四世紀半ばという時期にこそ、新たな武力的かつ宗教的な倭王の誕生が想定される。そして、その新たな四世紀半ばの倭王とその子孫たる五世紀の倭の五王たちと、それ以前の三世紀中後期の邪馬台国の卑弥呼やその宗女壱与（台与）たちとの間には、少なくとも、①日の御子、②銅鏡、③前方後円墳、という三つの共通項が見出される。

つまり、邪馬台国女王にも初期の倭王にも共通して、太陽を祭る「日の御子」としての祭祀王でありかつ武力的な古墳時代の武力王である、という連続性を見出すことができるのである。

天照大神と卑弥呼

大和王権の皇祖神である伊勢神宮の天照大神の御正体《みしょうたい》として祀られているのは、三種の神器の内の八咫鏡《やたのかがみ》である。その銅鏡の系譜をたどれば、『魏志』倭人伝が伝えるところの、魏の皇帝が卑弥呼に「汝に好物を賜う」とのべて下賜した「銅鏡百枚」の類につながる。それは、日の御子たる卑弥呼の王権が、稲作の王として崇め祀る太陽の表象物であると同時に、邪馬台国を中心とする前方後円墳国家連合における中央王権と地方王権とをつなぐ紐帯としての機能を果たした宝器でもあった。

「天子《てんし》南面」の思想のもとで南北軸を基準とする歴代の中国王朝にとっては、文書行政の基本として「金印紫綬」こそが皇帝の権威の表象具であり宝器であったのに、むしろ銅鏡の下賜を喜ぶ卑弥呼は、不思議な辺境の族長と思われたことであろう。「汝好物」という三文字にはそのような意味が含まれていたのである。しかし、稲の王であり「日の御子」たる倭王にとって、銅鏡は貴重で神聖なる王権の表象具であると同時に、王権連合の紐帯として有効に機能した政治的な意味での宝器でもあった。その歴史と伝承の世界の延長線上に古代の銅鏡の系譜は連続していたのであり、邪馬台国の女性王の卑弥呼や壱与（台与）から倭王権の男性王たちに王権の所在が替わっていってもその意味は変わらなかったのである。そこにも卑弥呼から天照大神へという古代日本の「日の御子」としての王統譜が浮かび上がってくる。

二人の王という単純な構成

『古事記』と『日本書紀』は、古代王権によって政治的な目的で編集されたものである。その記紀が記す神話から歴史へむけての記事を、一種の伝承情報として整理してみる。すると、まず二つの点が指摘できる。

第一は、王権の誕生から覇権の確立までの叙述が単純な直線的構成となっている。（1）神武による東征と即位、（2）崇神と垂仁による王権確立と神祇祭祀の創始、（3）景行《けいこう》と日本武尊《やまとたけるのみこと》による列島東西の制圧、（4）仲哀《ちゅうあい》と神功《じんぐう》による半島進出、（5）応神《おうじん》と仁徳の外来技術導入と内政充実、という単純な発展の構成である。

第二に、それぞれの段階が着手と達成という前後二人の王によって分掌されているという点である。たとえば、上記の（1）でも、神武には東征の王と即位の王という二人の神武があり、それは神話から歴史への転換つまり現実的な時間と空間の設定という意味で重要な役割を担っている。時間は、天孫降臨《てんそんこうりん》から一七九万二四七〇年余が経過した時点で東征を開始したといい、辛酉年（BC六六〇年）を神武即位元年とするという時間設定である。空間は、九州の日向の地から東征して大和の橿原宮《かしはらのみや》での即位という空間設定である。

この時間と空間の設定を原点として、以下歴代の天皇の神話と伝説と歴史が叙述されていくことになる。そして、（2）から（5）に至るまでの物語の展開の中で、三世紀中後期の邪馬台国の女王卑弥呼や壱与（台与）に代わって、四世紀中後期に覇権を握る初期倭王権の出自と統治の確立が（1）（2）で描かれる。そして半島進出へという歴史動向をめぐる伝承として参考になるのは、（4）と

（5）の伝承である。

外来の王と在来の后

歴史事実であるか否かは別として、記紀神話の伝承情報からみれば、新たな倭王とは大和盆地においてはあくまでも外来の王であるという点が注目される。

神武天皇は九州を出発して瀬戸内海を経て、浪速《なにわ》から河内《かわち》へ、そして膽駒山《いこまやま》を越えて中洲《なかつくに》に入ろうとしたときに、長髄彦《ながすねひこ》と孔舎衛坂《くさえのさか》で戦って兄の五瀬命《いつせのみこと》が流矢に当たって痛手を負い亡くなると『日本書紀』は記している。その後、紀伊《きい》から熊野《くまの》へそして大和の東山中へと迂回して最後に大和盆地に入って橿原宮に即位する神武は、まさに外来の王である。それに対して、その皇后となるのは大和の土着の大三輪の神の子である富登多多良伊須須岐比売《ほとたたらいすすきひめ》（比売多多良伊須気余理比売《ひめたたらいすけよりひめ》）であると『古事記』は記す。美和《みわ》の大物主神が、容姿美麗な三嶋溝咋《みしまみぞくい》の女の勢夜陀多良比売《せやだたらひめ》を見感《みめ》でて、その美人が大便をしていたときに丹塗矢《にぬりや》となってその溝に流れていき富登を突いたので、美人は驚いて立ち走り周《しゅう》章狼狽《しょうろうばい》したが、その矢を持ち帰って床の辺に置いたところ、矢はたちまちに壮麗な男性となって二人は結ばれ、その二人の間に生まれた子が、神武の后となる富登多多良伊須須岐比売（比売多多良伊須気余理比売）だという。

『日本書紀』の神武紀は、そのような素朴な神話的な伝承は記さず、ただ事代主神が三嶋溝橛耳神《みしまのみぞくいみみのかみ》の女の玉櫛媛《たまくしひめ》との間に生んだ子が媛蹈鞴《ひめたたら》五十《い》鈴媛命《すずひめのみこと》という美女で、その美女を天皇は悦んで正妃とし皇后としたと記している。ただし、『日本書紀』でも神代紀第八段第六の一書には、『古事記』と類似した話が記されている。もともと大己貴神《おおなむちのかみ》の国造りに当たって海上来臨して日本国の三諸山《みもろやま》に祭られたのが、大己貴神の幸魂《さきみたま》・奇魂《くしみたま》でありつまり大三輪の神であるが、その神の子が甘茂君等《かものきみら》・大三輪君等・姫蹈鞴五十鈴姫命であるといい、「また曰《いわ》く」として、事代主神が八尋熊鰐《やひろわに》となって三嶋溝樴姫（あるいは玉櫛姫）という名の女性に通って生ませたのが姫蹈鞴五十鈴姫命で、その姫が神武天皇の后となったと記している。つまり、神武の后となった姫蹈鞴五十鈴姫命の父神について、大三輪の神という伝承と事代主神という伝承の二つが伝えられていたことになるが、その大三輪の神も事代主神もいずれも神話の上では出雲系の神である。そして、『古事記』が伝えていたのは「大三輪の神」と「丹塗矢」と「富登」と「床の辺」という典型的な神話要素をそなえた物語であり、それが神武の后をめぐる物語の伝承としては基本形であったということになる。

黥《さ》ける利目《とめ》

次に『古事記』の伝える求婚の話に注目してみる。神武の側近に大伴連《おおとものむらじ》等の祖道臣命《みちのおみのみこと》と、久米《くめの》直《あたいら》等の祖大久米命《おおくめのみこと》がいた。その大久米命が、神武の皇后となるべき美人を探し求めているとき、高《たか》佐士野《さじの》に遊ぶ七媛女《ななおとめ》があった。歩き進む七人の媛女《おとめ》の先頭に立っていたのは比売多多良伊須気余理比売であった。そこで、大久米命は天皇に向かって、

倭の　高佐士野を　七行く　媛女ども　誰をし枕《ま》かむ

と歌ったところ、天皇は、

かつがつも　いや先立てる　兄《え》をし枕《ま》かむ

と歌い、伊須気余理比売を求めた。そこで、大久米命が伊須気余理比売にその天皇の意を伝えたところ、比売は「大久米命の黥《さ》ける利目《とめ》を見て、奇《あや》しと思ひて」、

胡鷰目《あめ》鶺鴒《つつ》　千鳥《ちどり》ま鵐《しとと》　など黥《さ》ける利目《とめ》

と歌った。それに対して大久米命は次の歌を返して、そののちに伊須気余理比売が天皇のもとに「仕へ奉らむ」ということになり、天皇と比売とが結ばれた、と記す。

媛女に　直《ただ》に遇はむと　我が黥《さ》ける利目《とめ》

ここで注目されるのは、大和の媛女である伊須気余理比売が、外来の神武の側近の大久米の「黥《さ》ける利目《とめ》」を奇異に感じているということである。大和盆地の土着の集団の中の媛女にとって、大久米の黥ける利目、つまり目の周りに入墨《いれずみ》をした鋭い目は外来の異文化として映っているのである。そして、この神武と伊須気余理比売との間に生まれたのが日子八井命《ひこやいのみこと》、神八井耳命《かむやいみみのみこと》、神沼河耳命《かむぬなかわみみのみこと》であり、そのうちの神沼河耳命が次代の綏靖《すいぜい》天皇となる。

初国知らす二人の天皇

和風諡号《わふうしごう》でカムヤマトイワレヒコと呼ばれる神武天皇は、初代の天皇という意味で『日本書紀』は「始馭天下之《はつくにしら》天皇《すめらみこと》」とも呼んでいる。

しかし、『日本書紀』で「御肇国天皇」と書き、同じく「ハツクニシラススメラミコト」と呼ばれた天皇がもう一人いる。それが和風諡号でミマキイリヒコイニエと呼ばれる崇神天皇である。『古事記』が「初国知《はつくにし》らしし御真木天皇《みまきのすめらみこと》」と呼んでいるのは、神武ではなくこの崇神である。これは『古事記』と『日本書紀』が神武を即位紀元の天皇、崇神を祭政の根本創始の天皇と位置づけていたことを示す。

ただし、『古事記』と『日本書紀』は、政治王権の樹立と神祇祭祀の根本創始が、崇神の一代だけで完成したとは書いていない。第一の着手と推進、第二の継承と達成、という前後の「二人の王」という仕組みが記紀の記述の基本にあり、それはこの崇神と垂仁の関係の中にも見出せる。神祇祭祀の根本創始についても、皇祖神の天照大神を大殿《おおとの》から外へと移し皇女豊鍬入姫命《とよすきいりひめのみこと》に託《つ》けて倭の笠縫邑《かさぬいのむら》に祭ることとして、新たな祭祀に着手したのが崇神であり、そのもっともふさわしい鎮座の地を、皇女倭姫命《やまとひめのみこと》に託けて伊勢に定めて完成させたのが垂仁であった。

出雲大神の霊威

そして、国譲《くにゆず》り神話《しんわ》が語っていた出雲の大己貴神が神事（霊能）をつかさどり、皇孫《こうそん》が顕露《あらわ》の事（王権）をつかさどるという関係、つまり出雲大神が大和王権の守り神となるという大和王権にとってたいせつな関係を忘れていた崇神と垂仁に対して、それぞれ大物主神と出雲大神の祟りというかたちでその関係の再確認を実現させたのも、この二人の物語の中でのことであった。

もともと国造り神話の中で海上来臨した大己貴神の幸魂と奇魂を大和の三輪山に祀ったのが大物主神であったが、崇神はその祀りを忘れて国中が治まらず疫病《えきびょう》に苦しんだといい、また、日本大国魂《やまとのおおくにたまの》神《かみ》を皇女の渟名城入姫に祀らせようとしたが姫は髪が抜け落ち身体が痩せ衰えて祀ることができなかったという。そこで、あらためて大物主大神の祭主をその神の子大田田根子に決め、倭大国魂神の祭主も大倭直の始祖市磯長尾市《いちしのながおち》に決めたところ、ようやく国中が治まったという。次の垂仁天皇も、皇子の本牟智和気が言葉を発せなかったがそれは出雲大神からの戒めであり、あらためて出雲に参拝することで言葉を発することができるようになったという。

外来王と土着神の祭祀

このような崇神による神祇祭祀の根本創始の物語が語っている要点とは何か。それは、皇祖神の天照大神は天皇の皇女が祭ることができるが、大和の土着的な神である三輪山の大物主大神や倭国魂大神は天皇の皇女では祭ることができなかったということである。

それらの神々の意思を聞くことができたのは、倭迹迹日百襲姫命《やまとととひももそひめのみこと》であり、その倭迹迹日百襲姫命は崇神九年紀がいうように三輪山の大物主神の妻という神話的な存在であった。そして、崇神十年紀がいうようにその姫には崇神の姑《おば》という伝承もあり、かつ箸墓の被葬者という伝説的な存在でもある。この三輪山の大物主大神の妻であり箸墓の被葬者であるという伝説が存在する点にこそ、この倭迹迹日百襲姫命の特徴があるといってよい。つまり、倭迹迹日百襲姫命は三輪山と大物主大神と一体の存在であり、大和盆地の土着的な女性巫王の性格をもつ存在として描かれているのである。

軍事的にも、道路での童女の不思議な歌を解読して武埴安彦《たけはにやすひこ》の謀反を天皇に知らせてその危機を救うなどの霊的能力もそなえた女性として描かれており、皇族の女性がその文化的霊的能力で天皇や皇子の危機を救うというモチーフとしては、前述の神武紀の伊須気余理比売の例にも通じるところがある。そのような伝承からは、古代王権に内在していた皇女ヒメ・男王ヒコの相互補完システムをうかがうこともできるであろう（折口　一九四六、倉塚　一九七九）。

大倭直は外来の氏族

その崇神の時代から三輪の大物主神の祭祀に当たったのは大田田根子であり、その子孫は大和に居住した三輪君ら三輪氏だといい、一方、倭大国魂神の祭祀に当たったのは市磯長尾市であり、その子孫は大倭直だという。そして、大倭直は大和の土着の氏族のように思える。しかし、実はそうではなかった。倭直の始祖は、『古事記』の伝えるところによれば、神武東征に際して海流の激しい速吸門《はやすいのと》と呼ばれた明石海峡で船の安全な航行のためにと現地で採用された槁根津彦《さおねつひこ》である。注記によるとその槁根津彦は倭国造《やまとのくにのみやつこ》の祖だとのべている。『日本書紀』では速吸之門は豊予海峡《ほうよかいきょう》としており、そのときに船の安全な航行に協力したのが椎根津彦《しいねつひこ》で倭直部《やまとのあたいべ》の祖だとのべている。その後、『日本書紀』に記された伝承を整理してみると、倭直は、仁徳紀と履中《りちゅう》紀に登場して、淡路島の海人《あま》集団と関係の深い氏族として描かれている。

履中紀では、太子《たいし》（履中天皇）と仲皇子《なかつみこ》との間の、黒媛《くろひめ》をめぐる対立と争いに際して、倭直吾子籠《あごこ》は淡路《あわじ》の海人の安曇連浜子《あずみのむらじはまこ》の配下で、仲皇子の味方であったが、敗れてしまい、妹の日之媛《ひのひめ》を采女《うねめ》として貢上することで罪を免れたといい、これが倭直等が采女を貢上することの始まりだと伝えている。同じく仲皇子に味方した安曇連浜子も「科墨黥面」によって罪を免されたが、その眼のまわりの黥墨を時の人たちは安曇目《あずみめ》と呼んだと記している。そして、浜子に従った淡路の野島《のしま》の海人も罪を免されて倭の蒋代《こもしろ》の屯倉《みやけ》に役《つか》われることとなったという。太子（履中天皇）と対立した側でありながら赦免されたというのは、履中にとって安曇連や淡路の野島の海人や倭直が完全には罰しえないほどの存在であったことを物語っている。

安曇連浜子と淡路の海人の水軍《すいぐん》の力量と、倭国造の倭直吾子籠の力量とがそれだけ大きかったことを示している。

倭国造となる大倭直

この倭 国 造《やまとのくにのみやつこ》の倭直は、神話的な存在から、のちには歴史的な存在へと続く氏族である。その点がまた重要で、律令制下では、忌寸《いみき》から宿禰《すくね》の姓を与えられている氏族である。『続日本紀』の和銅七年（七一四）には大倭神社《おおやまとじんじゃ》の祭祀を倭直の氏上《うじのかみ》である大倭忌寸《やまとのいみき》五百足《いおたり》が奉仕するとの記事があり、養老《ようろう》七年（七二三）には大倭国 造《やまとのくにのみやつこ》としての大倭忌寸五百足の記事もある。神護景雲《じんごけいうん》三年（七六九）には五百足の子の大和国造大和宿禰長岡《ながおか》の名前もみえる。国造という位置づけは律令制下では出雲国造だけになっていたくらいの古式と伝統とをあらわすものであるが、この倭直も忌寸から宿禰の姓を与えられながら大倭国魂神社の祭祀氏族である倭国造として存在していたのである。

そして、その淡路島出身という出自も、『古事記』の神武東征が物語る架空の神話というのではなく、一定の歴史事実を反映しているものであった。それを示すのは、『延喜式《えんぎしき》』巻二六主税上にみえる「淡路国正税《しょうぜい》三万五千束（中略）大和大国魂神《おおくにたまじん》社《じゃ》の祭祀のための稲穀《とうこく》が淡路国の正税三万五〇〇〇束の中から八〇〇束と定められて毎年奉納されていたのである。それは大和の大国魂神社の祭祀氏族である倭国造が、もともと淡路にその出自をもつという記憶が儀礼的に継承されていたからにほかならない。

淡路島と大倭国造

ここで、あらためて倭王権の出自という問題に立ちかえってみる。すると、倭王権の本拠地である大和盆地の主たる神である倭大国魂神《やまとのおおくにたまのかみ》と、それを祭る倭国造たる倭直という氏族が、実は大和盆地の出身ではなく、瀬戸内海交通の要衝である淡路島の明石海峡あたりの出身であるという伝承があったということが重要である。それが語っているのは、倭王権の出自自体も大和以外にあったということにつながるからである。

神武東征の神話は神話でありそのまま歴史の事実ではない。しかし、四世紀中期と推定される初期倭王権の大和盆地での成立を考える上では、それは大和盆地にとっては外来の王権であったと説明している神話にほかならない。それは神話ではあるけれども、倭直で倭国造であった氏族が、大和盆地において倭大国魂神を祭祀しているというのは史実である。つまり、倭王も大和盆地にとっては外来の王であった可能性がきわめて高いことになるのである。

纒向遺跡が邪馬台国の故地であったとすれば、そこに君臨した宗教的な女王に代わって新たな武力的な男王へという変化は、大和盆地を舞台にどのように進んだのか。四世紀後半に始まる三輪山祭祀遺跡と宗像沖ノ島遺跡とから推定されるような磐座祭祀という方式での神祇祭祀を行なった初期倭王権とは、どのようにして邪馬台国の女王から新たな覇権を得たのであろうか。また、いかにして旧来の女性巫王から新たな男性武王へと入れ替わったのであろうか。そのことを考える上で、次に、（4）仲哀と神功による半島進出の伝承に注目してみる。

卑弥呼と神功皇后

邪馬台国の卑弥呼と初期倭王権との関係を考える上で注意したいのは、倭王権と天皇の由来を語る『日本書紀』の編者たちが、実は『魏志』倭人伝を読んでおり、女王卑弥呼のことも知っていたという事実である。それは歴代の天皇以外に特別に編まれた巻九の神功皇后の巻で、その三九年、四〇年、四三年の各条に『魏志』倭人伝の倭国と女王の記事を注記していることからわかる。『日本書紀』の編者たちの意図は神功皇后を卑弥呼に比定しようとするところにあったようである。しかし、歴史編纂者の自覚と自負からか、それを断定する記述は避けており、参考資料として『魏志』の記す倭国や

表1　仲哀天皇と神功皇后

呼称	地位	託宣への対応	特徴	呪法	征圧の成否
仲哀天皇	天皇	神の託宣を不信	急逝	賢木に「鏡・釼・瓊」を掛ける呪法	熊襲征圧失敗
神功皇后	皇后	神の託宣を信頼	男装武勇	「和魂・荒魂」を王船の鎮めとする呪法	新羅征圧成功

その女王の記事を神功紀に挿入して、読者に判断を任せるような記述としている。

歴史事実として神功皇后の実在性やそれが卑弥呼であるか否かの推論はきわめて困難である。それは根拠となる史料が他にないからである。『日本書紀』の編者たちにもそれは十分に自覚されていたようである。そこで、歴史事実とその情報化の過程を想定してみる。神功紀の存在の意味を、上記のような「二人の王」という視点と、四世紀中期から後半期の倭国で起こった邪馬台国の「女王・祭祀王」から倭国の「男王・武力王」へ、という王権の転換という視点から考えてみる。

仲哀天皇と神功皇后

すると、そこから浮かび上がってくるのは、仲哀《ちゆうあい》（タラシナカツヒコ）と神功（オキナガタラシヒメ）との構造的な関係性である。

表1にみるように、それは仲哀と神功との間に見出される対称的な関係性である。仲哀は伝統的な変化を欲しない王として描かれている。『古事記』と『日本書紀』が記し続けてきた男王の系譜で描かれている。女性の神功は天皇として描かれることはない。歴代天皇は男王が基本とされているから

である。神功はしたがって皇后として描かれざるをえない。その神功といういわば実質的な女王は、変化を実践する王として描かれている。保守的な男王ではなく革新的な女王であり、従来の国内征圧ではなく新たな半島進出を試みる王である。そして、女性でありながら戦闘の場面では男装して男性となる。祭祀王・巫王でありながら武力王・武王でもある、女王であり男王でもあるという二面性をもつ王として明示的に描かれている。

四世紀の歴史事実が、A「邪馬台国・女王・祭祀王・共立」から、B「倭国・男王・武力王・征圧」へ、そして国内統治から半島進出へという転換であったとすれば、その記憶が伝承されている中に、そのAとBとの構造的な要素変換の媒介項として、神功皇后という伝説が創出されていると考えることができるであろう。神功皇后はAとBの両者の属性をともに具有する王として描かれているのである。

つまり、この（4）仲哀と神功、という「二人の王」の物語とは、前述のような「纒向遺跡・邪馬台国」から「三輪山祭祀遺跡・初期倭王権」へ、という一大変換の歴史事実の記憶と情報化という伝承世界における創造物であり、神功皇后とはその変換を語る象徴的な媒介項である、とみることができる。

殺戮征服ではなく婚姻関係的継承

『魏志』倭人伝の記事をよく知っていた『日本書紀』の編者たちは、現在の私たちのように纒向遺跡と三輪山祭祀遺跡、そして宗像沖ノ島遺跡の、近代の考古学の学術的な歴史情報は知りえなかったのであるが、神功皇后に関する伝承情報を編纂するに当たって彼女を卑弥呼に比定しようとしたのには十分うなずけるところがある。史実としての「邪馬台国（纒向遺跡）から、初期倭王権（三輪山祭祀遺跡）へ」という変換に対応して、伝承としての「仲哀（タラシナカツヒコ）と神功（オキナガタラシヒメ）」という対照的な男王と女王との二巻が編まれているのである。それは、史実としての「卑弥呼の纒向の宮」に対して、伝承としての「雄略の纒向の宮」という伝承変換のしくみとも共通する組み立てである。

そして、『日本書紀』の伝承世界における大きな特徴は、編者たちは『魏志』倭人伝の女王卑弥呼の存在を中国文献の情報から知っていながら、その女王国とみずからが編纂している倭王権の成立との関係について、倭王権の王統譜の記述の中で戦闘や征服の歴史があったとは書いていないという点である。神武東征と大和征圧の神話的な物語にしても、土着の対抗勢力は単純に長髄彦と記されており、その長髄彦に関する情報は乏しい。

倭王の出自は大和盆地ではない

では、このような倭王の出自伝承をめぐる考察からわかってくることとは何か。ここまで、大和における「外来の王と在来の后」、「外来王と土着神の祭祀」、「卑弥呼と神功皇后」という項目にしたがって整理してきたのであるが、その小括として指摘できるのは、以下の四点である。

（1）倭王の出自は大和盆地ではない。（2）倭王は優れた航海技術をもつ集団を率いていた。（3）王権の交替は大量殺戮による武力侵犯や軍事征圧ではなく、一定の軍事衝突は当然あったとしても、基本的には従来の王と新たな王との両者にとって共通する祭祀王であり武力王であるという古代王権の二重性を強く保持した状態での勢力交替であった。倭王と在来の王族の女性との婚姻関係などによる併合的な王権交替であった可能性が大である。（4）外来の異文化集団による侵略的な征圧と虐殺ではなく在来の社会や文化の抹殺や根絶でもなかった。

この（3）と（4）とが、世界史上の一般的な現象とは異なる点であり、記紀の伝承の特徴として注目される点でもある。輝かしい栄光であるはずの中央王権樹立の武力征服の物語を詳述したり強調したりしてはいないのである。のちの天武による壬申の乱についての『日本書紀』のあれほど詳細な叙述とは比較すべくもないであろうが、倭王権にとってもっとも肝心なはずの神武や崇神による征服戦争と王権樹立の物語の記述の単純さや淡泊さが目立つのである。

第2章　律令祭祀と伊勢神宮・出雲大社

1　沖ノ島遺跡と律令祭祀制への展開

鬼道と持衰

古代日本の霊魂観念について考える上で参考になるのは、三世紀中期から四世紀前期の『魏志《ぎし》』倭《わ》人伝《じんでん》からの情報である。注目されるのは、女王卑弥呼《ひみこ》の「鬼道《きどう》」と、航海安全の祈願装置としての「持衰《じさい》」という存在である。

卑弥呼については、「鬼道に事《つか》え、能《よ》く衆を惑わす」とあり、シャーマン的な女王であったことを想定させる。「持衰」については、「その行来・渡海、中国に詣《まい》るには、恒に一人をして頭を梳《くしけずら》ず、蟣蝨《きしつ》を去らず、衣服垢汚、肉を食わず、婦人を近づけず、喪人の如くせしむ。これを名づけて持衰と為す。もし行く者吉善なれば、共にその生口《せいこう》・財物《ざいもつ》を顧し、もし疾病あり、暴害に遭えば、便《すなわ》ちこれを殺さんと欲す。その持衰謹《つつし》まずといえばなり」とある。つまり、航海安全のために一人の男性を選び、その人物を厳しい忌《い》みの状態にしておいてその忌みの成否によって安全渡航か遭難かと極端に二分されるという信仰と習俗が存在したのである。

分析概念としての忌人 imibito

このような特定の人物に一定の集団が強い忌みを課してその成否によって集団や共同体の吉凶を授

かるしくみは、王権とその機能をめぐる基本的な構造である。歴史上有名な事例は、天平《てんぴょう》十三年（七四一）三月の聖武《しょうむ》天皇による大仏建立の詔があげられる。その中に、「朕《ちん》薄徳を以て忝《かたじけな》くも重任を承け、未だ政化を弘めず、寤寐《ごび》多く慚《は》づ。（中略）頃者、年穀《ねんこく》豊かならず、疫癘《えきれい》頻《しき》りに至る。慙懼《ざんく》交《こもご》も集まりて、唯《ひとり》労して己を罪す」とある。個人的には儒教的な徳目と仏教的な信仰の中での発想であるが、王権の機能認識についての基盤的かつ普遍的な発想からの詔でありその典型的な一例である。

図4　美保神社の一の頭家と二の頭家

このしくみは一定の強い伝承力をもっており、民俗伝承の事例としてもそれはいまだに多く伝わっている。一例をあげると、島根県松江市の美《み》保《ほ》神社《じんじゃ》の祭礼に奉仕する宮座《みやざ》の頭人《とうにん》の例があり、そこにも聖なる者の役割認識に通じるものがある。美保神社の祭礼は、毎年四月の青柴垣神事《あおふしがきしんじ》から始まるが、神社の神職《しんしょく》と氏子《うじこ》の組織である宮座の協力で行なわれている。宮座では、頭家《とうや》と頭人という役がひじょうに重視されている。頭家は、氏子《うじこ》のなかから神《み》籤《くじ》で選ばれた二人が、一の頭家、二の頭家となり、一年間、精進潔《しょうじんけっ》斎《さい》をして、四月七日の青柴垣神事において神役《かみやく》をつとめる。その妻はオンド（小忌人）、娘はトモド（供人）と呼ばれ、頭家とともに大棚の前に正座して人びとの参拝を受ける。頭家をつとめると、そのあとでまた神籤によってマロウドトウ（客人頭）という役に当たる。客人頭もやはり一年間、精進潔斎をして、十二月三日の諸手船《もろたぶね》神事の中心となる。その後、三年目にいよいよ頭人となる。頭人は宮座全体の統括責任者である。指名の意味の頭指《とうざ》しを受けてから三年間は、髪も髭《ひげ》もはえ放題で刃物をあてることはできなかった。頭人は、氏子から特別に祈禱を頼まれると「お伺い」といって、夜中に海水で潮かきをして神社への参拝をして「おさとし」が出るまでそれを何度も繰り返した。頭家、客人頭、頭人はその一年間は、毎晩禊《みそ》ぎをして、日参といって神社へ参拝を行なっている。この頭家や頭人の精進潔斎が足りないと神様のおさとしが出ないといったり、祭りの日に雨が降るなどといったりして、頭家や頭人の精進潔斎が不十分だったからだとひどく非難される（関沢　二〇〇五）。このような信仰上の特定人物を、忌む人、お忌みの人、忌み人という日本語から抽象化して、ここであらためて「イミビト imibito」と呼んで一定の学術概念として設定しておくことにする。なぜならそれは「シャーマン shaman」とは区別されるべき概念だからである。

シャーマン shaman と忌人 imibito

これまで卑弥呼は鬼道という語からシャーマン shaman と位置づけられてきた存在であるが、『魏《ぎ》志《し》』倭人伝が「王となりしより以来、見るある者少なく」とあることから、持衰つまりイミビト

imibitoとしての性格もあわせもっていた可能性がある。シャーマンshamanには二つのタイプがあり、一つが脱魂型ecstatic typeであり、もう一つが憑依型possession typeである（M・エリアーデ　一九五一、I・ルイス　一九七一、R・ジョーンズ　一九六八、佐々木　一九七二、宮家・佐々木　一九九八）が、その特徴は、第一に、脱魂型も憑依型も無意識的で無自覚的な状態になること、第二に、その状態で神霊や自然霊と交流しそのメッセージを聞くこと、第三に、そのメッセージを一般人に伝えること、つまり媒介者としての役割である。

一方、ここで新たに概念設定するイミビトimibitoの特徴は、神霊や自然霊のメッセージの結果を示すこと、つまり霊験表示物としての役割である。両者の決定的な違いは、シャーマンshamanには双方向的に、憑依という受信能力があるとともに祈禱や呪術という発信能力があるとみなされているのに対して、イミビトimibitoには一方向的に、吉凶の結果の信号表示物としての機能しかないという点である。三世紀半ばの邪馬台国《やまたいこく》の時代とその社会には、シャーマンshamanにして同時にイミビトimibitoでもある卑弥呼と、イミビトimibitoとしての「持衰」という両者が併存していたと考えられる。

四世紀後半～七世紀末の沖ノ島遺跡

神祇官を中核とする律令神祇祭祀の形成過程について、それをよく知らせてくれている情報は文献記録だけではなく、むしろ考古遺物である。九州の玄界灘に浮かぶ孤島、沖ノ島遺跡の資料情報群で

表2 沖ノ島祭祀の変遷

4世紀		
三一三年	高句麗、楽浪郡を滅ぼす	
	この頃より、馬韓から百済が、辰韓から新羅がそれぞれ国家形成して台頭する	
三一四年	高句麗、帯方郡を陥れる	
三一六年	匈奴、西晋を滅ぼす（五胡十六国時代へ、四三九年の北魏による華北統一まで）	
三四三年	高句麗、前燕に入貢	
三七二年	百済王、東晋に入貢	
三七七年	高句麗・新羅、前秦に入貢	
三九一年	倭軍、渡海「高句麗好太王碑文」	第17号遺跡（鏡・剣・玉）
5世紀		
四二一年	倭王讃、宋に朝貢	
四三八年	倭王珍、宋に朝貢「安東将軍倭国王」	
四五一年	倭王済、「六国諸軍事安東将軍倭国王」	
		第21号遺跡（鏡・剣・玉　鉄鋌）
四七五年	高句麗、百済を攻撃し、百済王戦死、都の漢城陥落	
四七八年	倭王武、上表文「六国諸軍事安東大将軍倭国王」	
6世紀		
五一二年	大伴金村、加耶（任那）四県を百済に割譲	
		第7号遺跡（金銅製馬具）
		第8号遺跡（カットグラス）
五二七年	筑紫君磐井の乱	
五三八年	百済の聖明王、仏像と経典を倭王におくる	
五六二年	新羅が加耶を滅ぼす	

六世紀末　古墳時代は終焉
7世紀
六〇〇年　遣隋使　六〇七年　遣隋使　第6号遺跡
初期に　律令祭祀の萌芽　第22号遺跡（紡績具・金銅製人形）
後半に　律令祭祀の形成　第5号遺跡（金属製人形）
8世紀　律令祭祀の時代
第1号・2号・3号遺跡（9世紀まで継続）

図5　沖ノ島

ある。その精密な発掘調査報告書が『続沖ノ島』（吉川弘文館、一九六一年）である。

沖ノ島遺跡の情報を、それぞれ古代の倭《わ》と中国や朝鮮半島諸国との交流史の中に位置づけてみると、表2のようになる。そして、古代の神祇祭祀という問題に絞って要点を整理してみると、ここに指摘できるのは以下の二点である。

第一に、一七号遺跡を最古とする沖ノ島祭祀の開始は四世紀後半であり、その段階での祭具の奉献は、「銅鏡・鉄剣・勾玉」という神話の中での「三種の神器」の組成に共通するものであった。第二に、七世紀初頭と推定される六号遺跡と二二号遺跡の奉献品は、土器類や金銅製の雛形品が主流を占めるようになっており、雛形品の人形は祓《はらえ》へのための祭具、容器は供饌《きょうせん》と飲食のための祭具、紡績具は伊勢神宮の遷宮《せんぐう》に際しての神宝《じんぽう》に通じる祭具である。つまり、この段階で初期からの財物宝物奉献から、新たな神霊を意識しての祭祀具奉献と祭祀へと大きく変化したことがわかる。これは、井上光貞氏が想定した「律令祭祀」の形態がそこに整備されてきていたことを反映している。

図6　17号遺跡（宗像神社復興助成会『続沖ノ島』吉川弘文館，1961年より）

図7　22号遺跡（宗像神社復興助成会『宗像　沖ノ島』吉川弘文館，1979年より）

律令神祇祭祀

古代の神祇祭祀の形成を考える上で、「律令的祭祀」もしくは「律令祭祀」という概念を用意してその検証を試みたのが井上光貞氏である。井上氏の見解は以下のとおりである（井上　一九八四）。（1）律令的祭祀とは、八世紀初頭に公布された大宝令《たいほうりょう》の神祇令《じんぎりょう》と呼ぶ篇目によって規定され、実施された国家的祭祀のことである。（2）その大宝令には付随する施行細則としての式《しき》が存在していたはずであり、それは十世紀初頭成立の『延喜《えんぎ》式《しき》』の祖型ともいうべき式であったと考えられる。（3）律令的祭祀形態は、七世紀末、八世紀初めに形成・完成した大宝律令《たいほうりつりょう》の実施によってはじめて確立したのではなく、それ以前に律令祭祀の先駆的形態なるものが存在した。（4）六・七世紀の交、推古朝の前後にはすでに行なわれはじめていた。（5）神祇令とそれにともなう式は、この先駆的形態としての律令的祭祀を中国的・法律的に整備し成文化したものであった。

（6）それは沖ノ島遺跡からの情報によっても裏づけられる。第一に、土器の変化（須恵器の甕《かめ》・器《き》台《だい》・長頸壺《ちょうけいこ》・高坏《たかつき》・土師器《はじき》の丸壺などの出現）、第二に、金属製ミニアチュアの変化（鉄・金銅・銅などで作った武具・工具・紡織具・容器・人形・楽器〈五弦琴《ごげんきん》〉などの出現）から想定される。（7）土器については、五号遺跡から、今まではなかった祭祀土器が、しかも一つのセットとしてのフォルムを備えて出現する。そのことは大きな転換であり、一号遺跡の土器類はその後の継承と発展を示すもので、その状態は明らかに『延喜式』の土器の諸形式と対応してくる。『延喜式』にみられるような律令的祭祀ないしその先駆的形態が六世紀中葉から七世紀中葉までの間に出現してくることを物語っているのであろう。(8)金属製ミニチュアについても、七世紀にはいると独特の様相があらわれてくる。金銅製の、紡織具、容器、その他(たとえば人形)が多量に出土する。ここで注目すべきことは、この様相にもまた、律令的祭祀があらわれていることであり、とくに伊勢内宮《いせないぐう》などの神宝とそれらの品々が一致する事実である。(9)これらのことから、律令的祭祀なるものは、七世紀末、八世紀初めに形成公布された律令法典によってはじめて形成されたものでは決してあり得ない。六世紀の中葉から七世紀の中葉までのあいだ、おそらく推古朝の頃にはもう、律令的祭祀は形成されはじめていた。

筆者は、以上の井上氏の見解に学び、かつこれを支持するが、ただ井上氏が大きな転換の時期を六世紀中葉から七世紀中葉までと約一〇〇年もの時代的な幅をもたせているのに対して、そのような長い時間幅の中に転換期をみるのではなく、推古朝の七世紀初頭の遣隋使外交による政治的文化的衝撃に連動して比較的短期間のうちに起こったとみる。それは、「古墳時代の終焉」つまり、王権の外部的墳墓表象の時代の終焉から「飛鳥時代の開幕」つまり、王権の基礎構築のための中国的律令国家体制整備への始動へ、という大きな転換とも連動したと考えるものである。

律令神祇祭祀の萌芽はいつか

一方、近年の考古学からは、律令神祇祭祀の萌芽をそれよりも早い五世紀半ばに求める見解が提出されている(笹生 二〇一二b)。考古学の門外漢から僭越ではあるが、ここで見解の相違点をあげて論点の整理を試みておくならば、以下のとおりである。第一に、五世紀中頃前後の日本各地の祭祀遺跡にみられる鉄製品、紡織具、初期須恵器という組成が、四世紀以来の古墳副葬品をベースとしながら、朝鮮半島からもたらされる貴重な鉄素材や最新の技術をいち早く導入して作られたという指摘である。しかし、筆者が律令神祇祭祀の萌芽へ向けての大きな変化として注目するのは、鉄素材や鉄製品よりも、紡績具である。なぜなら、井上氏も指摘しているように伊勢神宮の遷宮の伝承の中で奉献される主要な神宝が紡績具などだからである。五世紀中頃の遺跡の出土品として大きな位置を占めているのは、多くの考古学者が指摘しているように鉄鋌《てってい》などの鉄資源である。

第二に、沖ノ島遺跡の編年についての見解である。五世紀半ばと推定される二一号遺跡にはまだ紡織具は登場せず、その遺品の中心は鉄資源の鉄鋌などである。その後、次の六世紀前半と推定される七号・八号遺跡の金銅製馬具類が中心となる段階をへて、七世紀初頭と推定される二二号遺跡に至ってはじめて紡績具が登場するのである。つまり、五世紀半ばの二一号遺跡と七世紀初頭の二二号遺跡との間には約一五〇年間もの時代的な開きがあるということに留意する必要がある。第三に、律令的な神祇祭祀の萌芽という一大画期の背景や要因についての見解である。五世紀半ばの朝鮮半島からの鉄資源や先端技術の導入よりも、中国でおよそ三〇〇年ぶりに南北統一を果たした隋《ずい》王朝の先進文化との接触、つまり六〇〇年の遣隋使による文化衝撃と、それに間接的にかかわるであろう中央王権の古墳祭祀からの完全な撤退脱皮という一大転換を画期とする、というものである。

中国王朝の南北軸の世界観を知らなかった厩戸皇子

その律令祭祀の萌芽期と考えられる七世紀初頭の、遣隋使による大きな文化衝撃とは、『隋書』倭国伝が記す大業三年（六〇七）の日本の国書の「日出る処の天子《てんし》、書を日没する処の天子に致す」という倭王の自称と隋帝への尊称の矛盾にも関係するものである。この文言についてはさまざまな解釈があるが（東野　一九九二）、重要なことは、推古《すいこ》天皇と厩戸皇子《うまやどのおうじ》を中心とする遣隋使派遣の関係者たちが、この文言が中国皇帝の「天子南面」という南北軸の世界観をもつ隋の皇帝に対してきわめて無礼なものであることを知らなかったという事実である。そこで、翌年六〇八年の隋の煬帝《ようだい》からの遣使文林郎裴清《ぶんりんろうはいせい》に対して「我は夷人《えびす》、海隅《かいぐう》に僻在《へきざい》して、礼儀を知らず」と卑屈なまでの謝罪をしてこの件は落着したと『隋書』は記している。

これ以降、倭王権の内部では一種のタブー、トラウマとなっていたかのように、公的な歴史書の『日本書紀《にほんしょき》』にはいっさいこの「日《ひ》の御子《みこ》」の表記は出てこない。しかし、外交関係を意識することのない『古事記《こじき》』の記述では、沈黙を守る『日本書紀』とは対照的に、「日の御子」の記事は頻出している。景行《けいこう》記では倭建命《やまとたけるのみこと》を「高光《たかひか》る日の御子、やすみしし我が大君」と歌う尾張《おわり》の美夜受比売《みやずひめ》の歌、応神《おうじん》記では仁徳《にんとく》を「品陀《ほむだ》の日の御子大雀《おおさざき》」と歌う吉野の国巣《くず》の歌、雄略《ゆうりやく》記では豊明《とよのあかり》の宴の席で天皇の大御《おおみ》盞《うき》に百枝《ももえ》槻《つき》の葉が落ちたときに伊勢国三重の采女が歌った「纒向の日代の宮は　朝日の日照る宮　夕日の日がける宮（中略）あやに恐し　高光る日の御子（下略）」の歌も伝えられている。『万《まん》葉集《ようしゅう》』でも同様であり「日の御子」の表現が頻出している。それは壬申の乱に勝利して律令国家建設の最前線にあった天武《てんむ》・持統《じとう》の王権が、古来の「日の御子」という自己認識を継承しつつそれを当時も強く持っていたことをあらわしている。したがって、推古朝の「日出る処の天子」という倭王の自称について注目されるのは、むしろ、当時の王権が稲作の王権であるのにふさわしく、太陽が昇り、太陽が照らし、太陽が沈む、そのような東西軸を基準とする日の巫女《みこ》、卑弥呼の纏向遺跡以来の世界観をその伝統として継承していたということである。

推古朝の画期

その推古朝とは、大和《やまと》王権の構造的な革新へとその一歩を踏み出した時代である。井上光貞氏はもちろん、その師の坂本太郎（坂本　一九三四）やそれに先行する津田左右吉（津田　一九四八）が、明確に古代史の一大画期と位置づけていた時代である（黛弘道　一九六二）。それは、倭王の王権が中国的な律令国家制度を模倣して、新たにみずからの王権のシステム整備への出発を試み始めた時代であった。官僚機構の整備、法典の編纂、服飾・儀仗《ぎじょう》・音楽の整備、仏教の受容活用、国史編纂、などによる一大革新であった。

そして、この七世紀初頭という時期に何よりも見逃せないのは、古墳時代の終焉という展開である。巨大な外部表象としての古墳が政治権力の表象となっていた時代の完全なる終焉である。新たな権力表象としては宮殿や寺院などがその役割を果たしていくこととなるが、その時期に神祇祭祀の新たな展開がみられることの意味は重要である。沖ノ島遺跡では、六号遺跡や二二号遺跡の時期であり、井上氏のいう律令祭祀への先駆的形態がこの七世紀初頭の推古朝に形成されてくるのである。

神祇令と天皇祭祀

律令祭祀の基本構造は神祇令に示されている（井上　一九八四）。その神祇令の計二〇条は、井上光貞氏によれば次の五つに分類されるという。（1）恒例の公的祭祀（一〜九条）、（2）即位儀礼と斎《さい》（一〇〜一四条）、（3）祭祀の管理運営（一五〜一七条）、（4）大祓《おおはらえ》（一八・一九条）、（5）宮社の経理（二〇条）である。

そして、大宝令が模範とし参考としたはずの唐令《とうれい》との比較をもとに以下の点が指摘されている。①中国的な宗廟祭祀《そうびょうさいし》の条がない。②記紀神話には人格化された多くの神々が登場するが、神祇令では天《てん》神地祇《じんちぎ》とするのみで神観念が漠然としている。③祈年祭《きねんさい》と月次祭《つきなみさい》が重視されており、とくに「祈念班《はん》幣《へい》制」とも呼ぶべき構成がなされている。それは、律令制度が「公地《こうち》公民《こうみん》」などの語が示すようにすべての人民と土地を一元的に支配する制度であるのに対応して、「祈念班幣制」は人民が祀る全国津々浦々のめぼしい神社を一元的に祭祀する、つまり全国の神社の祭祀権を天皇と朝廷が一手に掌握して、春の祈念のために幣帛《へいはく》を奉り、国々の農作物の豊穣を一体として祈願するかたちとなっている、などである。

古代王権の質的転換

そこで、神祇令に示される律令祭祀においてとくに注目されるのは、第一には大嘗《おおにえ》と鎮魂《ちんこん》、第二には斎である。それは古代王権が前代までの大王から律令制下の天皇へと転換する過程で、注目すべき重要不可欠な項目だからである。王権の二つの属性――第一にシャーマン shaman として、第二に忌人 imibito として――が、律令国家体制へという古代王権と国家の大変化の中で、どのように転換したのか、という問題を解明するために重要な確認項目だからである。たとえば、神功皇后のような神懸かりをするシャーマン shaman 的な王から、制度の中で威厳のある詔を発する持統《じとう》天皇のような王権へ、という転換のしくみを歴史的に確認するためである。

そしてまた、自分の忌みの成否によって殺害されるかもしれない危険さえあった持衰と呼ばれた忌人 imibito の段階から、疫病《えきびょう》や飢饉《ききん》などをみずからの不徳とする儒教的な意識をもちながら同時に仏教的な救済をも願い、すでに自分が殺害されるという危険はない状態にはなっていながらも、国家と社会の安穏のためという天皇の職能を自覚していた聖武天皇のような、新たな制度の中の聖なる忌人 imibito へ、という転換のしくみを、歴史的に確認しておく必要があるからである。

大嘗と鎮魂

まず、第一の大嘗と鎮魂についてであるが、大宝令の職員令《しよくいんりよう》には、神祇伯《じんぎはく》の直接的な職掌について「掌《つかさどらむこと》、神祇祭祀、祝部神戸名籍《はふりべじんごのみようじやく》、大嘗、鎮魂、御巫《みかんなぎ》、卜兆《ぼくちよう》、惣判官事」とあり、神祇官の長官の職掌として大嘗と鎮魂、そして御巫と卜兆とがとくに重要視されている。この点について、『令釈《りようしやく》』

（七八二〜八〇六年の成立）は「祭祀の中、此祭尤重」と述べている。そして、『令集解《りょうのしゅうげ》』（八六八年頃に編集）に収める問答の中では「是殊為人主、不及群庶」（これ、ことに人主《ひとぬし》〈天皇〉の為なり、群庶に及ばず）と解説されている。

ではなぜ、大嘗と鎮魂が特別に重要な祭儀とされたのか、それは、天皇の霊威力更新の祭儀だからである。要点は次のとおりである（新谷 二〇〇九c）。大嘗には大宝令の規定にあるように「毎世一年」（践祚《せんそ》大嘗祭）と「以外、毎年所司行事」（新嘗祭）の二つがあるが、いずれも基本は新穀《しんこく》を神に供するとともにみずからも食する祭儀であり、天皇の玉体に新たな清浄なる穀霊を摂取しその霊威力を更新する意味がある。その卯の日の大嘗の前日の寅日に行なわれるのが鎮魂である。それには八世紀初頭以降の大宝令制下の第一のタイプと、九世紀後半から十世紀にかけての貞観《じょうがん》・延喜《えんぎ》の式を経る中で革新された第二のタイプとがある。

第一のタイプは、記紀の天岩戸神話に由来する天《あめ》の鈿女《うずめ》の神懸かりの再現という宇気槽《うけふね》突きを中心とするものである。第二のタイプは、『先代旧事本紀《せんだいくじほんぎ》』のいう十種神宝とそれに関連する御服箱振動《おんふくばこしんどう》を中心とするものである。いずれも天皇の玉体への「外来魂」の注入と霊威力の再活性化いう意味をもつ祭儀である。この寅日の鎮魂と卯日の大嘗を経てリフレッシュされ再強化された天皇の霊威力を群臣に分配するのが翌日の辰日の豊明節会《とよのあかりのせちえ》である。つまり、この「寅日鎮魂・卯日大嘗・辰日豊明節会」という一連の祭儀は、たとえば、カール・ポランニー Karl Polanyi（一八八六〜一九六四）のいうところの、共同体の財がいったん中央の一ヵ所に集められて貯蔵され、それが儀礼などの共同体の活動を通して再度分配される、といういわゆる「中心性 centricity」と「再分配 redistribution」の構造として読み取ることができる祭儀なのである（K・ポランニー　一九六〇）。

律令祭祀の形成と神懸かり王 shaman からの脱皮

外来魂の摂取と新たな霊威力の更新という意味をもっていた鎮魂と大嘗であるが、その鎮魂の第一のタイプが天の鈿女の神懸かりの再現と宇気槽突きの儀礼を中心としたものであったことは、鎮魂という祭儀がもともと神懸かり・憑霊・ポゼッションの祭儀であったことを示している。そして、その鎮魂と大嘗とともに神祇伯の職掌として重視されていたのが、御巫と卜兆の使役であったということは、それらがいずれも古代の大王（天皇）がもともと神懸かり王 shaman であったこと、そして同時に、律令国家体制の整備とともにそのような状態から脱皮改良洗練されてきたものであったことを物語る。

大王・天皇の元来のシャーマン shaman 的な性格がよく記録されている例は、記紀が伝える神功皇后の神懸かりである。それに類するようなシャーマン shaman 的な祈禱や卜占《ぼくせん》の王としての天皇の最終段階の例は、『日本書紀』の皇極《こうぎょく》元年（六四二）八月条の天皇の南淵《みなぶち》の河上での雨乞い祈禱や、天武紀の壬申の乱の最中の卜筮《ぼくぜい》や祈禱に傾注する姿などであろう。しかし、神祇令を中心とする律令祭祀の形成とともに天皇のそのようなシャーマン shaman 的な性格は脱却と洗練へと向かい、それに代わる天皇独特の祭儀として整備されてきたのが、天皇に代わって神祇伯が奉仕する鎮魂と大嘗であった。つまり、シャーマン shaman 的な天皇の役割の代役的な職掌として整備され継続されたのが、神祇伯が管掌する御巫や卜兆の職掌であったと考えられるのである。

そうした天皇の律令制下における神懸かり王 shaman からの脱皮と転換に対して、それに対応するような政策としてみられたのが民間巫覡《ふげき》への弾圧であった。皇極三年（六四四）七月条の大生部多《おおふべのおお》と巫覡らが蟲を常世神《とこよのかみ》といって祭らせて被害を広げていたのに対して秦造河勝《はたのみやつこかわかつ》がそれを退治した話題は、「太秦《うずまさ》は神とも神と聞え来る常世の神を打ち懲《きた》ますも」の歌とともに伝えられていた。また、『続《しょく》日本紀《にほんぎ》』の天平勝宝《てんぴょうしょうほう》四年（七五二）八月十七日条には京師《けいし》の巫覡一七人を捉えて伊豆《いず》や隠岐《おき》や土佐《とさ》などの遠国に流罪としたという記事がみえる。宝亀《ほうき》十一年（七八〇）十二月十四日条には左右京の無知の百姓を惑わすとして巫覡たちの活動を禁断するという記事がみられる。

散斎・致斎と大祓

祈年祭と班幣、そして鎮魂と大嘗の他に、神祇令が律令祭祀の基本としているのが、散斎《あらいみ》と致斎《まいみ》、そして大祓《おおはらへ》である。散斎は和訓であらいみといい、真忌《まい》みの前に行なう軽い物忌みである。それに対して致斎は散斎のあとに行なうもっとも厳重な物忌みで、真忌みといわれるものである。避けるべきこととして弔喪・問病・食宍・判刑殺・作音楽・預穢悪の六項目があげられている。一方、大祓は六月と十二月の晦日に行なわれるもので、その行事の次第は次の通りである。まず、中臣が御祓麻《おおぬさ》を天

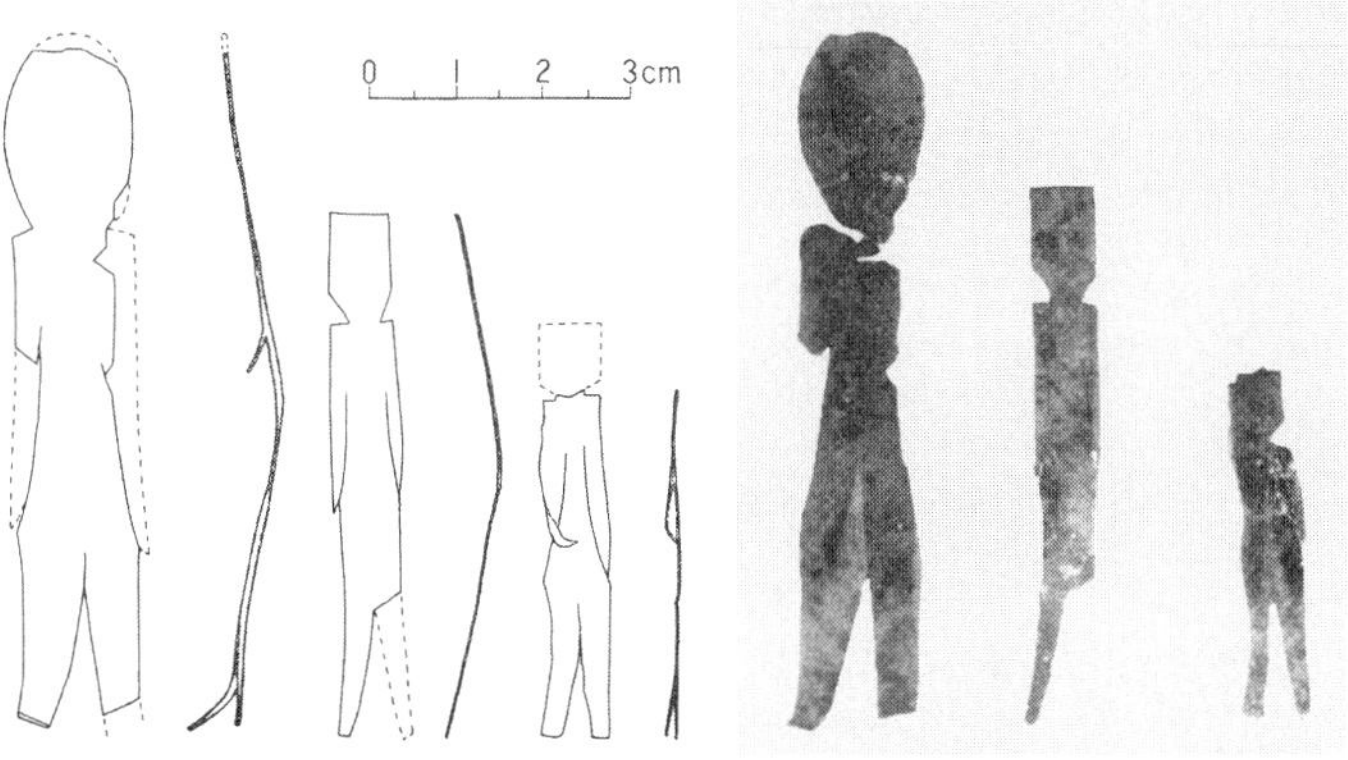

図8　沖ノ島出土の金銅製人形（宗像大社復興助成会『沖ノ島1　宗像大社沖津宮祭祀遺跡昭和44年度調査概報』1970年より）

皇にたてまつり、東西文部《やまとかわちのふひとべ》が祓刀《はらえのたち》を天皇にたてまつり祓詞《はらえことば》を読む。次いで、百官男女が祓所《はらえど》に集合して、中臣が祓詞を読み、卜部《うらべ》が解除《げじょ》をなす。

井上氏によれば、この東西文部の祓詞は、のちの『延喜式』に記載されているものと通じるという。東西文部はその漢語の祓詞を唱えながら禄人《ろくじん》を捧げて天皇の身の禍災を除かんことを、そして金刀を捧げて天皇の齢の長久《ちょうきゅう》ならんことを請う。その禄人とは『貞観儀式《じょうがんぎしき》』に載せる御《み》贖《あが》の料物の鉄偶人三六枚（金銀粧各一六枚、無飾四枚）に、また『延喜式』の大祓の料物の金銀塗人像各二枚、同じく御贖の料物の鉄人像二枚、に当たるものではないか、と指摘している（井上　一九八四）。いずれも祓具《はらえのぐ》としての人形である。

沖ノ島遺跡出土の人形は祓具

このような井上氏の律令祭祀という概念に啓発されてその研究を展開させた一人が金子裕之氏である。金子氏は、井上氏の律令的祭祀という概念にのっとり、古代都城における木製祭祀具をはじめ人面墨書土器・土馬《どば》・模型竈《かまど》・金属製祭祀具の性格について考察し、それらが基本的に律令的祭祀のなかで重要な位置を占めていた大祓に関するものであろうと述べている（金子　一九八〇・一九八五）。そして、沖ノ島遺跡から発見される多くの人形・馬形・舟形の遺物に対して、発掘調査報告書がいずれも神への奉献品であろうと解釈しているのに対して、それとは異なり、祓のために用いられた祓具であろうとの解釈を示している。

この沖ノ島の遺物が、奉献品か祓具か、という問題は重要であるが（仁木　二〇〇九、笹生　二〇一二b）、本書のこれまでの文脈からいえばもう多言を要せずであろう。六号遺跡と二二号遺跡、そしてその後の五号遺跡から出土している大量の人形・馬形・舟形の雛形遺物は、金子氏のいうように祓具としての意味をもっていたと考えてよい。それは大和王権が律令祭祀の段階へと入っていた時期の遺跡にちがいないのである。そして、このような散斎・致斎と大祓という儀礼の整備は、伝統的な大王・天皇の聖なる「忌人 *imibito*」としての機能の、律令国家体制下で新たな儀礼として洗練された代替の装置と代替の儀礼の創出でもあったのである。

2　伊勢神宮の創建——歴史的段階を考える——

神宮創建の年代

『日本書紀』が記す神宮《じんぐう》創祀のもっとも確実な時点といえば、壬申の乱に勝利した天武《てんむ》天皇が、天武二年（六七三）四月に大来皇女《おおくのひめみこ》（大伯皇女）を初瀬斎宮《はつせのさいぐう》に参籠《さんろう》させて心身を清め、その約一年半後の翌三年十月に伊勢へと出発させた時点である。さらには、平安末期の『大神宮諸雑事記《だいじんぐうしょぞうじき》』の記す持統即位の四年（六九〇）の遷宮創始の時点、それに続く壬申の乱後二〇年目の持統六年（六九二）一月に、「天皇観新益京《あらましのみやこ》路」ののち、三月三日に伊勢行幸《ぎょうこう》へと出発し、二十日に飛鳥浄御原宮《あすかのきよみがはらのみや》へと還御《かんぎょ》し、六月「天皇観藤原宮《ふじわらのみや》地」とした時点に大きな画期をみることもできる。持統八年には新都新益京（藤原宮）への遷都《せんと》がなされ、新たに即位した文武《もんむ》天皇の文武二年（六九八）十二月には、「遷多気《たき》大神《おおかみ》宮于度合《わたらい》郡」と『続日本紀』は記している。

しかし、伊勢神宮の創祀がすべてこの天武・持統朝にあったわけではない。神宮創祀には以下にみるような歴史的な深い段階があったことが考えられる。

崇神紀・垂仁紀の鎮座伝承

神宮創祀をもっとも古く考えるならば、やはり『日本書紀』が記す崇《す》神《じん》と垂仁《すいにん》の神宮創祀伝承が注目される。崇神六年（西暦年不詳）にそれまで大殿《おおとの》の内に並び祭っていた天照大神《あまてらすおおみかみ》と倭大国魂《やまとおおくにたま》の二柱《ふたはしら》の神を、「畏其神勢、共住不安」として、天照大神を崇神皇女の豊鍬入姫命《とよすきいりひめのみこと》に託《つ》けて倭の笠縫邑《かさぬいのむら》に祀ることとして磯《し》堅城《かたき》の神籬《ひもろぎ》を立てた、と記されている。その後、垂仁二十五年（西暦年不詳）には天照大神を垂仁皇女の倭姫命《やまとひめのみこと》に託けて鎮座の地を求めて大和国の莬田筱幡《うだのささはた》から近江《おうみ》国、美濃《みの》国を巡って伊勢国に到り、そこに祠を立てて、斎宮《さいぐう》を五十鈴《いすず》川上に興《た》て、それを磯宮《いそのみや》と呼んだという。そしてそこを「天照大神が始めて天から降ります処なり」と記している。

この崇神紀と垂仁紀の鎮座伝承をそのまま史実と考える論者もある（田中　一九五九）。しかし、少なくとも三つの点で疑問が残っている。一つは崇神と垂仁の二人の天皇の実在性を証明する資料が記紀以外に不十分である、二つめは年代が西暦換算で定めがたい、三つめは『古事記』にその記事がない、である。

雄略朝の斎宮祭祀

神宮祭祀の特徴の一つは、天照大神の御杖代《みつえしろ》としての斎宮にある。そこで、雄略紀の記す皇女栲幡《たくはた》姫命《ひめのみこと》の「伊勢大神の祠に侍る」という記事に注目する説もある（直木　一九六四、岡田　一九七〇）。『日本書紀』の雄略紀は正調の漢文体のα群の最初の巻であり、歴史学でも「画期としての雄略朝」といわれるように、雄略はその実在性が確実視できる天皇である（岸　一九八四、加藤　二〇〇四）。したがって、その皇女栲幡姫命の記事には一定の信頼的な情報力がある。しかし、その姦淫妊娠の流言と皇女の経死と神鏡の話には物語的な特徴はあるもののそれが伊勢の地における斎宮の実在性を示すかといえばやはり留保せざるをえない。

推古朝の日神祭祀

次の画期は推古朝である。『日本書紀』の用明《ようめい》天皇即位前紀に、酢香手姫皇女《すかてひめのひめみこ》を「伊勢神宮に拝《め》して日神の祀に奉らしむ」とある。そして、用明、崇峻、推古の三代の天皇の間、伊勢大神に仕えたと記されている。このことは『日本書紀』以外にも、厩戸皇子の伝記である『上宮聖徳法王帝説《じょうぐうしょうとくほうおうていせつ》』の中に「須加弖女王、伊勢の神前に拝み祭る　三天皇に至る」とあるのでかなり確度の高いものといえる。ただし、『日本書紀』には、詳しくは「炊屋姫天皇《かしきやひめのすめらみこと》（推古天皇）の紀《みまき》に見ゆ」と記されているにもかかわらず、推古紀にはまったくその記事がない。それは現在の推古紀がもとのα群ではなくβ群に差し替えられているからである。α群である用明即位前紀に「炊屋姫天皇（推古天皇）の紀」に詳しく書いてある、と記していることからすれば、本来はα群の推古紀があり、そこには酢香手姫皇女の記事があったということになる。それが現在のβ群の推古紀にはないのである（新谷　二〇〇九c・二〇二〇）。『日本書紀』には、中国風の正格漢文で書かれたα群とそれとはまったく異なる日本風の漢文で書かれたβ群とがあり（森　一九九九）、α群が巻一四の雄略紀から巻二七の天智紀までである。それを挟むように古い時代の巻一の神代上から巻一三の允恭《いんぎょう》・安康《あんこう》紀までと、最新の巻二八・二九の天武紀とがβ群となっている。つまり、α群の雄略紀がもっとも古い記事であり、β群の天武紀を編集した人材たちが、はるか上代の神話の時代もβ群の文章で書いて編集したものと位置づけられるのである。そのα群とβ群という前後の整合的な配分の中で唯一のイレギュラーが巻二二推古紀と巻二三舒明紀である。その推古紀と舒明紀だけがβ群になっているのである。

つまり、もともと酢香手姫皇女による日神奉祭を記したα群の推古紀が古くは存在した、しかし天武・持統朝以降の七世紀末から八世紀初頭の『日本書紀』編纂の最終段階で、新たにβ群の推古紀に差し替えられて、酢香手姫皇女の記事が削除されてしまっている、それは編者たちが、皇女による日神奉祭についての記事を推古紀よりも古い時代へ、つまり、β群の崇神紀・垂仁紀へと移行させたからではないか、というのが一つの仮説である。

実際に現在のβ群の推古紀の記事にはさまざまな修正が行なわれた形跡がある。たとえば、推古三十年紀（六二二）が一年丸ごと抜けているのである。それにより、『日本書紀』では、厩戸皇子の没年が他の記録情報とは異なってしまっている。β群の推古紀はその没年月日を推古二十九年辛巳（六二一）二月癸巳（五日）と記しているのだが、天寿国繡帳《てんじゅこくしゅうちょう》や法隆寺釈迦如来像銘《ほうりゅうじしゃかにょらいぞうめい》や聖徳太子伝私記《しょうとくたいしでんしき》法起《ほうき》寺《じ》塔婆露盤銘《とうばろばんめい》など、他の資料ではすべて推古三十年二月二十二日となっている。現在のβ群の推古紀は、六〇〇年の遣隋使の記事も残さず、国書盗難という大失態をおかした小野妹子《おののいもこ》を罷免《ひめん》せずに再度派遣するなど不自然であり、改変改筆された可能性を推定させる部分が少なくない。

伊勢神宮の創建

天武天皇元年（六七二）七月に壬申の乱に勝利した天武が、大伯皇女（大来皇女）を泊瀬《はつせ》の斎宮に籠もらせたのが天武二年四月十四日のことである。『日本書紀』には「大来皇女を天照太神宮に遣侍《たてまた》さむとして、泊瀬斎宮に居らしむ。是は先づ身を潔《きよ》めて、稍《やや》に神に近づく所なり」と記されている。おそらく泊瀬谷のきれいな清水の流れる河原近くに斎宮が営まれたことと思われる。そして翌天武三年十月九日、いよいよ大伯皇女（大来皇女）は伊勢へと出発する。この時点こそ現在に至る伊勢神宮の社殿造営の決定的な画期の一つであったといってよい。

持統と神宮祭祀

神宮祭祀と遷宮を考える上で持統の存在は大きい。持統が神宮祭祀の整備の上できわめて重要な意味をもつ天皇であったということは、以下の五つの事実から指摘できる。第一にその諡号《しごう》、第二に皇《こう》孫《そん》と神勅《しんちょく》、第三に即位儀礼、第四に宮都造営と神宮行幸、第五に遷宮《せんぐう》の創始、である。

第一、持統が没するのは大宝《たいほう》二年（七〇二）十二月二十二日だが、『続日本紀』では和風諡号は「大倭根子《おおやまとねこ》天之《あめの》広野《ひろの》日《ひ》女尊《めのみこと》」と記されている。しかし、養老《ようろう》四年（七二〇）成立の『日本書紀』では「高天原《たかまのはらの》広野姫天皇」と記されている。「高天原」は天照大神の世界であり神話の世界である。第二、天照大神は皇孫瓊瓊杵尊《ににぎのみこと》を葦原中国《あしはらのなかつくに》に君臨すべき王として「天壌無窮《てんじょうむきゅう》」の神勅を授けている。それは、持統天皇が皇孫文武天皇の即位を実現して天武と持統の皇統の永続性を期す「不改常典《かわるまじきつねののり》」の詔を、自らの後継者である元明《げんめい》天皇の即位に当たって用意させているのと共通する。第三に、持統四年（六九〇）一月一日の即位式では「公卿百寮、羅列《つらな》りて匝《あまね》く拝みたてまつりて手《て》拍《う》つ」とあるが、その拍手《かしわで》の作法は『延喜式』の践祚大嘗祭式で「五位以上、共起就中庭版位《はんい》跪、拍手四度、度別八遍、神語所謂八《や》開手《ひらて》是也」とあるものの原型と考えられるものであり、それは神宮祭祀の独特の「八度《はちど》拝《はい》」

に通じる作法である。

同緯度の新益京と神宮

第四に、宮都造営と神宮行幸の関係である。持統は壬申の乱後ちょうど二〇年目に当たる持統六年（六九二）の三月に伊勢への行幸を行なっている。そのころ新たな帝都として造営が進められていたのが、律令国家樹立の象徴としての新益京（藤原宮）であった。その新益京はもちろん唐《とう》の都城制にならい南北軸を基準としており、神宮もそれに共通する南北軸で社殿は造営されている。そして、新益京と神宮とはほぼ同緯度で、新益京の真東の方角に神宮は立地している。内宮がおよそ北緯三四度二七分、外宮がおよそ北緯三四度二九分であるのに対して、橿原市高殿町に残る新益京の大極殿の土壇はおよそ北緯三四度三〇分である。これは決して偶然ではあるまい。当時の王権は天文観測と測量技能は十分に備えていたと考えられるからである。

北山《きたやま》（向南山）に　たなびく雲の　青雲の　星離《ほしさか》り行き　月を離りて

これは、その持統が夫帝天武天皇の崩御《ほうぎよ》を悼んだとされる歌である。

南北軸の一直線上に天武陵・新益京・天智陵

天武の陵墓《りようぼ》は新益京の中央道路の真南に、東経一三五度四八分三七秒の中軸線の延長上に、しかも視覚的に確認できる状態にして造営されている。それに対して、持統にとって偉大であった父帝の天《てん》智《じ》天皇の山科陵《やましなのみささぎ》は、実はこの新益京の中軸線上の真北五五キロの地点、東経一三五度四八分三六〜三

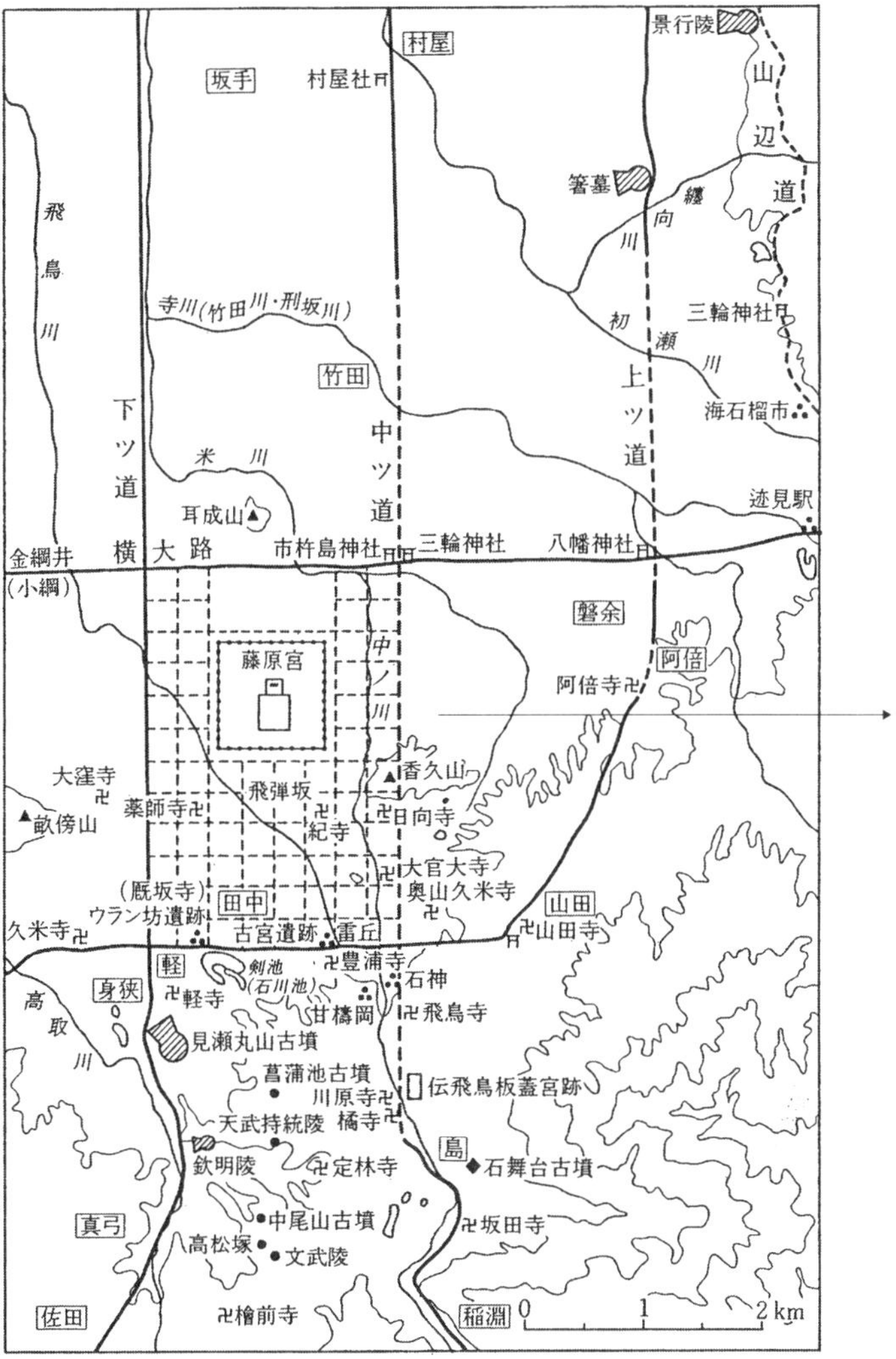

図9　新益京と飛鳥地方古道要図（岸俊男による復元図）

七秒に造営されている。つまり、この歌は、持統が自ら造営した新益京の中軸線の南北に、夫帝と父帝の陵墓を祭りながら星辰《せいしん》や月光を眺めていた光景を想像させる歌である。

そうして、律令国家の新たな南北軸の都城を夫帝と父帝とが守るかたちに整えながら、その一方で伝統的な東西軸の「日の御子」としての神聖なる祭祀の場を、その新たな都城である新益京の真東の方向のはるか彼方の海浜近い清らかな伊勢の地に、計画的かつ意識的に設営したものと考えられるのである。宮都と神宮とは、まさに天皇の政事の聖場と、皇女の斎宮を通じての天照大神の祭祀の聖場、という点で、両者はいずれも祭政の聖場として密接不可分の共存共鳴の関係にあるかたちで設営されたものといってよいのである。

3　出雲大社の創建——歴史的段階を考える——

大己貴神の神話から

日本の神社を代表する神社といえば、まずは伊勢神宮であり、そして次は出雲大社であろう。では、その出雲大社の創建とはどのような歴史の中でのことだったのか、それについて次に追跡してみよう。

出雲大社、杵築大社《きづきのおおやしろ》に祀られている大己貴神《おおなむちのかみ》とはどのような神なのか。それは、記紀の国造り神話と国譲《くにゆず》り神話の中に語られている。大己貴神の国造りにおける、少彦名命《すくなひこなのみこと》との協力による医療や禁厭《きんえん》の法の創生については、大和の王権はそれをとくには継承せず、海上来臨した大己貴神の幸魂《さきみたま》・奇魂《くしみたま》の霊力はこれを大和に移して継承するとされている。また、国譲りにおける建御名方神《たけみなかたのかみ》の武力については圧倒し排除するが、事代主神《ことしろぬしのかみ》の霊力については、大和に移して継承する。つまり、この国譲り神話で語られているのは、出雲世界の大己貴神に関わる霊威力を、大和の王権が継承する、という関係性である。

青銅製武器から青銅製鏡へ

次に注目されるのが、大己貴神と天照大神との両者の関係性、対照性である。それは神器《しんき》の対照性において象徴的に示されている。大己貴神の国譲りに際しては、青銅製の広矛《ひろほこ》が大己貴神の神器と語られている。それに対して、天照大神が天孫に語ったのは、「吾が児、此の宝鏡を視《み》まさむこと、当に吾を視るがごとくすべし。与《とも》に床を同じくし殿を共《ひとつ》にして斎鏡とすべし」という言明であった。

大己貴神の青銅製広矛は、弥生時代の銅剣・銅矛・銅鐸の祭祀世界を象徴しており、天照大神の語っている青銅製鏡は、卑弥呼が中国王朝から下賜された銅鏡のように、古墳時代の王権の武力世界を象徴している。そして、その新旧交代の媒介項ともいうべき、両者に共通する神器が勾玉である。大己貴神が隠れるに際しては、「躬《み》に瑞《みつ》の八坂瓊《やさかに》を被《お》ひて、長《とこしえ》に隠れましき」とあり、天照大神もその三種の神宝として、「天照大神、乃ち天津彦彦瓊瓊杵尊《あまつひこひこににぎのみこと》に、八坂瓊の曲玉、及び八咫鏡《やたのかがみ》、草薙剣《くさなぎのつるぎ》、三《み》種《くさ》の宝物を賜ふ」（『日本書紀』第九段一書第一）とある。その一方、素戔嗚尊《すさのおのみこと》の八岐大蛇《やまたのおろち》退治の神話で語られている銅剣の十握剣《とつかのつるぎ》は前者の象徴であり、八岐大蛇の尾から得られた鉄剣の草薙剣は後者の象徴である。この神話の中には、このような新旧の転換の物語が祭器《さいき》と武器という要素を通して象徴的なかたちで伝えられているのである。神話の中に歴史変化の記憶が伝えられている。

祭祀王の記憶凝縮像

そこで、大己貴神の原像として浮かび上がってくるのは、弥生時代の青銅器祭祀の世界の記憶である。それは直接的に、神庭《かんば》荒神谷遺跡《こうじんだにいせき》や加茂岩倉遺跡《かもいわくらいせき》の青銅器祭祀の記憶だけではなく、それらを含めて出雲の地でかつて存在し、それらが隠匿隠蔽されていった後までも記憶されつづけ、長い時間の経過の中で変容もしたであろう青銅器祭祀の時代の首長たちをめぐる記憶である。

出雲大社の境内近くの命主社《いのちのぬしのやしろ》の背後の真名井《まない》遺跡の大岩の下から出土した銅戈《どうか》など四点の武器型青銅器と翡翠《ひすい》の勾玉は、早くからその一帯が聖地と拝されていたことを示している。その集団的な記憶が中核となって、その後の西谷《にしだに》三号墓などの四隅突出型墳丘墓の登場が表している武力的な首長の登場と新たな墳墓祭祀の時代の到来へ、そしてさらには巨大な古墳の時代の出雲の武力王たちの時代の到来という記憶も、その上に重層し、さらには混淆もして次の新たな神祇祭祀の時代の到来の中で、それらのいわば上書き保存のデータの履歴の凝縮像として、出雲の大神の原像が歴史的な記憶の蓄積の中に形成されてきたと考えられる。

それは、半島から海を渡って寄り来たった楽器としての銅鐸などの舶来文化を原点として、その後の出雲で発達した青銅器祭祀の時代、そして新たな首長墳墓祭祀の時代へ、さらには新たな大和王権の進出と服属へ、という長い歴史の記憶の蓄積の中で、隠れて見えなくなった出雲の青銅器祭祀の時代以来の祭祀者的な巫王たちと、次の墳墓祭祀の時代の武力的な首長たちの記憶の重層と習合であった。それが神話的に結晶化したのが大己貴神の原像であり、それはまさに古代出雲の祭祀王と武力王の混淆した記憶の集積像・凝縮像であったと考えられるのである。

隠れた神々の故地

『出雲国風土記《いずものくにふどき》』は、大原郡神原郷《おおはらぐんかんばらごう》の地名の由来伝承として、「古老の伝えていへらく天《あめ》の下《した》造らし大神の御財《みたから》を積み置き給ひし処なり。則ち神財《かむたから》の里と謂ふべきを、今の人、猶誤りて神原《かむはら》の郷といへるのみ」と記している。それは、この地域での加茂岩倉遺跡の大量の銅鐸の埋納や、神原神社古墳への景初三年銘三角縁神獣鏡の副葬などの歴史事実に関連して、その後の現地における人びとの蓄積的な記憶の重層と変奏の結果として、はるかな時間を超えながらも遠い幽かな記憶と伝承として響きあっていたその結果が、当時このような伝説として書き留められたのではないかと考えられるのである。

出雲の霊威力――龍蛇神への信仰――

では大和王権にとって、なぜ出雲が特別であったのか。大陸や半島との交通や交流の点からいえば、北九州の筑紫《つくし》地方であってもよく、たとえば記紀の伝える宗像三女神《むなかたさんじょしん》の伝承は大和の王権にとってその地が重要な位置を占めていたことを物語っている。しかし、それでもなお、出雲でなければならなかった理由とは何か。それは、出雲の神々の祭祀における独自性にあったと考えられる。その独自性とは、神話や民俗が伝えている龍蛇神《りゅうじゃじん》祭祀である。記紀神話にも記されているように、それは海を照らして依り来る神霊であり、それを迎えて奉祭する祭祀である。その神話伝承が、現在の民俗の祭祀伝承と連続的につながるものであるか否か直接的な論証はもちろん困難であるが、参考情報としてみれば、毎年旧暦神無月の十月、現在の新暦では十一月に出雲大社や佐太神社《さだじんじゃ》で斎行されてきている神在祭《かみありまつり》の伝承が、出雲独自の祭祀伝承として注目される（新谷 二〇〇〇）。

神無月は出雲では神在月といい、「お忌《い》みさん荒《あ》れ」などと呼ばれる海上の荒れる風雨の激しい季節となる。その季節に「龍蛇さん」と呼ばれる海蛇が漁師の人たちの船に寄り来る。この龍蛇さんというのは南海産のセグロウミヘビで、背中が黒く腹部が黄色で、夜の海で漁船の灯火《とうか》を慕って寄り来る習性があり、漁師の人たちは異口同音にそれは美しく黄金に輝いて寄り来るという。南海では猛毒をもつウミヘビであるが、急冷化した海流の中で意識朦朧の状態となっている。それでも生命力は異常に強く、餌がなくても一週間も二週間も十分に生きているという。漁師の人たちは龍蛇さんを獲ると出雲大社や佐太神社に納めて、むかしは米俵《こめだわら》一俵をもらったものだという。

大社創建への歴史

では歴史的にみて、出雲大社、杵築大社の創建はいつのことであったのか。第一には、命主社の背後の真名井遺跡の大岩の下から出土した武器型青銅器と翡翠《ひすい》の勾玉により弥生時代からすでにその地が聖地と拝されていたことがわかる。それは磐座祭祀としてであり、かつ真名井の地名からすれば水源祭祀のかたちであったと推定される。

第二には、出雲大社境内地から発掘された古墳時代前期の手捏《てづく》ね土器の類や瑪瑙《めのう》や蛇紋岩《じゃもんがん》の勾玉、滑石製臼玉《うすだま》などの玉類により古墳時代前期にその地で祭祀が行なわれていたこと（大社町教育委員会二〇〇四）が指摘できる。

図10　出雲大社真名井遺跡出土の銅戈と翡翠勾玉（出雲大社所蔵）

第三に、文献記録の上では『日本書紀』の斉明《さいめい》五年（六五九）「命出雲国造《いずものくにのみやつこ》闕名修厳神之宮」という記事が初見である。斉明朝の当時すでに出雲国造の祀る「神之宮」が存在していたことは確実であり、その修造の命令には百済《くだら》の滅亡を前にして半島出兵計画を進める斉明の祈願が込められていたものと推定される。

では、古墳時代前期の三世紀後半から四世紀の初期倭王権の時代、そして斉明朝の七世紀までの長い間のいつの時期に、あの雄大な杵築大社は創建され

図11　出雲大社

たのであろうか。二〇〇〇年に発掘され鎌倉期の宝《ほう》治《じ》二年（一二四八）の造営と確定された巨大な三本柱の社殿が物語るのは、それが古代の杵築大社の基本形であり、創建の初めからおそらくあれだけの規模が継承されてきたのであろうということである。その巨大な建造物がいつ創建されたのか、この問題についてはやはり古代の巨大建築の歴史を参考にした方がよいであろう。

巨大な神社建築

古代の神祇祭祀の画期として注目されるのは、前述のように推古朝の画期である。しかし、その推古朝の歴史記述には、もとのα群が伝えられずに現在はβ群の推古紀しかない。したがって、詳細の追跡は不十分であるが、その前の敏達紀と用明紀と崇峻紀はα群であり、それらの記述は参考になる。そこで注目されるのが、蘇《そ》我馬子《がのうまこ》の発願による当時最大規模の建造物の実現、法興寺《ほうこうじ》（飛鳥寺《あすかでら》）の創建である。敏達紀十四年（五八五）二月には、蘇我馬子が大野《おおの》の丘の北に塔《とう》を起《た》てて大会《だいえ》の設斎《せっさい》をして、司馬達等《しばたっと》らが得ていた舎利《しゃり》をその塔の柱頭に蔵《おさ》めたという記事がある。崇峻即位前紀には、蘇我馬子が飛鳥《あすか》の地に法興寺を建てたと記している。推古紀では、その推古元年（五九三）に仏舎利《ぶっしゃり》をその法興寺の刹《さつ》の柱の礎に納めたという記事がある。そして、推古十四年（六〇六）には丈六の金銅の仏像を元興寺《がんごうじ》（法興寺）の金堂《こんどう》に納めたこと、またこの年から初めて寺ごとに四月八日（降誕会）と七月十五日（盂蘭盆会《うらぼんえ》）の設斎を行なうこととなったという記事がみられる。つまり、敏達から推古への六世紀末というのは、古代国家の一大転換期であり、巨大な建築物が創建され始める時代だったと考えることができる。

そこで、あらためて出雲と大和の関係について、考古学の情報（島根県教育委員会・朝日新聞社　一九九七、島根県教育委員会他　二〇〇二・二〇〇六、島根県古代文化センター・埋蔵文化財調査センター　二〇〇四、加茂町教育委員会　一九九七）に文献からの情報も含めて重要な歴史情報を整理しておけば、以下のとおりである。

弥生時代の青銅器

神庭荒神谷遺跡出土の弥生時代前期（I期）とされる五号銅鐸は内面にある突帯《とったい》が磨《す》り減っており、長期間にわたって楽器のカネとして使用された痕跡を残している。その神庭荒神谷遺跡出土の銅剣三五八本と銅矛一六本と銅鐸六個と、加茂岩倉遺跡出土の計三九個の銅鐸は、初期の弥生時代前期（I

期）から弥生時代中期（Ⅱ・Ⅲ・Ⅳ期）のものまで含まれており、長いあいだこの地域に定着していた祭器であったと考えられる。しかし、その後、弥生中期（Ⅳ期）の紀元〇年から五〇年頃にいっせいに埋納され忽然とその姿を消した。人目を避けての谷奥への隠蔽秘匿であったと推定される。

弥生時代の銅戈と翡翠勾玉

出雲大社収蔵の銅戈と翡翠の勾玉は、寛文《かんぶん》五年（一六六五）に大社に近接する命主社《いのちぬししゃ》の大岩の下、真名井遺跡から出土したもので、弥生中期にまでさかのぼるものである。

当時の記録、佐草自清《さくさよりきよ》『御造営日記』・『命主社神器出現之記』（佐草平安氏蔵）によると、銅戈一を含む武器型青銅器四点と翡翠の勾玉が、数度にわたる発掘で発見されたという。

境内出土の古墳時代の遺物

大社の境内遺跡の発掘調査によれば、古墳時代前期の土器群とともに瑪瑙製《めのうせい》勾玉一点、蛇紋岩製勾玉一点、滑石製臼玉《かっせきせいうすだま》一二点、手捏《てづく》ね土器片一点という祭祀系の遺物が出土しており、火を焚いた跡も発見されている。

その後、古墳時代中葉から後期は遺物密度が低くなり、ずっと後代の七世紀から八世紀の遺物としては供膳《きょうぜん》・盛付け具、液体貯蔵具、煮炊き具、ミニチュア土器など数点ずつの土器類が流水の水際および水路内から出土している。しかし、律令制下の八世紀後半になると遺物の出土がみられなくなる。つまり、聖域化が進んだものと推測される。

四隅突出型墳丘墓の出現

弥生時代後期（一四七〜一八九年頃）に出現する出雲市大津町の西谷三号墓は一辺が四〇㍍を超える巨大な四隅突出型墳丘墓である。

それは、新たな軍事的支配者の登場を意味している。

出雲最古の古墳

出雲の最古の古墳とされているのが、大原郡加茂町の加茂岩倉遺跡に近い同町の神原神社古墳や、安来《やすき》市塩津《しおつ》山《やま》一号墳である。

神原神社古墳は二九×二五㍍の方墳で、景初三年（二三九）銘の三角縁神獣鏡が出土したことで注目された。福永伸哉氏によれば、鏡の中央にある半球状のつまみの部分である鈕《ちゅう》に開けられた穴の形が、横長の長方形を原則としていることから、『魏志』倭人伝が記す卑弥呼の三角縁神獣鏡といってよいという。つまり、神原神社古墳出土の景初三年銘三角縁神獣鏡は、邪馬台国の女王卑弥呼から下賜分与されたものであった可能性が高い。

図12　景初3年銘三角縁神獣鏡
（島根県神原神社古墳出土，国〈文化庁〉保管）

東西の巨大古墳

その後、六世紀中葉になると、出雲の東西に巨大古墳が造られるようになる。西出雲では、大念寺《だいねんじ》古墳《こふん》→上塩冶築山古墳《かみえんやつきやまこふん》→地蔵山古墳《じぞうやまこふん》、一方、東出雲では、山代二子塚古墳《やましろふたごづかこふん》→山代方墳→永久宅後古墳《えいきゅうたくうしろこふん》、とそれぞれ三代にわたる王墓が認められ、その勢力が七世紀前半まで出雲を東西に二分していたと考えられる。

そして、西部勢力の古墳から出土するのは、捩り環頭大刀《ねじかんとうたち》、透しをもつ板状鍔《つば》をもつ金銀装円頭大刀、など倭風飾大刀《かざりたち》の系譜をひく武具である。それに対して、東部勢力の古墳から出土するのは、金銀装の円頭大刀、獅噛環頭大刀《しがみかんとうたち》、単龍環頭大刀、双龍環頭大刀、三葉文環頭大刀、など中国・朝鮮系の大陸風飾大刀の系譜をひく武具である。この大陸風飾大刀の分布は、出雲の東部勢力が大和政権、とくに蘇我氏《そがし》との密接な関係を持ち始めていたことを示している。

蘇我氏の進出

この大陸系の双龍環頭大刀は蘇我氏との関係を指摘できる遺物である（清水　一九八三）。そして、同じく蘇我氏の影響が、六世紀後半から七世紀初頭にかけて隠岐の島前《どうぜん》地域にも及んでいたことが知られている（勝部　一九七九、勝部他　一九八四、山中　二〇〇八）。また、昭和五十九年（一九八四）の保存修理作業で見つかった松江市南郊の有古墳群《ありこふんぐん》の中の岡田山一号墳から出土した「額田部臣《ぬかたべのおみ》」の銘文《めいぶん》入りの大刀は、この東出雲の地に、蘇我稲目《そがのいなめ》の娘の堅塩媛《きたしひめ》が欽明《きんめい》との間に儲けた額田部皇女《ぬかたべのひめみこ》つまり、後の推古天皇の養育のための部民《べみん》が設置されていたことを物語っている。

東出雲と西出雲の動向

そこで、これまでの通説的な理解によれば、蘇我氏の大和王権と結んだ東出雲の王がその勢力を順調に伸張して、後の出雲国造《いずものくにのみやつこ》一族となり、一方、西出雲の王の勢力は衰退へと向かったという。

また、出雲国造が出雲国府のある意宇郡《おうぐん》（松江市大庭地区）から現在の杵築《きつき》の地に拠点を移したのは、古代国家の官社《かんしゃ》制が解体し国造が国家的に優越する地位から後退した困難を克服するためであり、あらためて杵築大社の再建に乗り出したのは十世紀のことと推定されるという。

神祇令の「天神地祇」

ここで考古学とは別に、文献を参照してみる。すると十世紀の『令義解《りょうのぎげ》』や『令集解』が記す神祇令の「天神地祇」の注釈には、「天神者、伊勢、山城鴨《やましろかも》、住吉《すみよし》、出雲国造斎神等是也。地祇者、大神、大倭、葛木鴨、出雲大汝神等是也」とある。出雲国造が斎《いつ》き祀る神は天神とされ、出雲の大汝《おおなむち》神《かみ》は地祇と分類されている。その注釈がいう出雲国造が斎き祀る神とは東出雲の意宇郡の熊野《くまの》大社《たいしゃ》のことであり、地祇とされている出雲の大汝神とは西出雲の杵築大社のことと考えられる。それは記紀神話で、出雲国造の先祖が天神の天穂日命《あめのほひのみこと》とされていることによるといえよう。

しかし、歴史事実として、西出雲の地祇の杵築大社の大汝神を歴史的に祀ってきているのはまぎれもなく出雲国造である。

王権と神祇祭祀の世俗性と神聖性

王権と神祇祭祀の世俗性と神聖性という観点からみれば、記紀神話が大物主大神の祭主《さいしゅ》はその神の子大田田根子《おおたたねこ》に、倭大国魂神《くにたまのかみ》の祭主も大倭直の始祖市磯長尾市《いちしのながおち》に定めてはじめて神がその祀りを受け入れたと語るように、龍蛇神祭祀を基本とする西出雲の地祇の杵築大社の大汝神を祀る能力とその聖なる職能を担うことができるのは西出雲の巫王の系譜を引くはずの出雲国造である。

政治的で世俗的な権能は社会的な職分であり、他者への代替が可能である。しかし、宗教的で神聖性を帯びる権能は脱社会的な職分であり、他者へは代替不可能である。天皇の宮中の新嘗祭も天皇自らの祭祀であり他者への代替は不可能である。出雲国造の龍蛇神祭祀も国造自らの祭祀であり他者への代替は不可能である。

西出雲の巫王の系譜

岡田山一号墳出土の「額田部臣」の銘文入り大刀《たち》が語る蘇我氏を中心とする大和王権の進出が推定されるのは、六世紀後半である。『出雲国風土記』に意宇郡大領として出雲臣の記事が見えるのは八世紀前半である。その約一五〇年間は、七世紀初頭の推古朝の改革から蘇我氏滅亡の乙巳の変、そして白村江《はくそんこう》の敗戦や壬申の乱など、七世紀末の律令国家体制確立へ向けての激動期であった。

六世紀後半の欽明朝に蘇我氏を中心とする政治的圧迫を受けた出雲では、その後、西出雲と東出雲とは相互に異文化排除の論理ではなく、杵築大社の大汝神を祀る司祭者としての伝統的歴史的文化的な共存関係を選んだ可能性がある。杵築大社で大己貴神を祀ることができるとされた出雲臣のルーツは、外来の勢力ではなく、やはり西出雲の首長層の中の巫王の系譜の中にある可能性が高いと考えるのが自然ではないか。

八世紀に意宇郡の国府を拠点とした出雲国造も西出雲を完全に征圧排除した東出雲の勢力ではなく、両勢力の均衡と混淆の中に伝えられた出雲の巫王の系譜の中にある存在として、その後も長く杵築大社の国造の権能が継承されたのではないか、とここでは想定しておくことにしたい。

巨大建築は欽明朝の可能性

百済救援への進軍を計画する斉明五年（六五九）、『日本書紀』には「命出雲国造闕名修厳神之宮」と記されている。絶え間なく流れ寄せる対馬海流に面して半島の先端部の付け根、まさに島根の地に立地して、朝鮮半島や中国大陸に対峙していた杵築の地に、圧倒的な存在感をもって出雲国造の「神之宮」が祀られていたことがわかる。その沿革をたどれば、青銅器祭祀の時代から古墳祭祀の時代を経て、神聖化する大王・天皇の御贄《みにえ》の供給地としての海岸部の直轄地確保を図っていった蘇我氏が先導して出雲の地に迫っていた欽明朝（五四〇〜五七一）において、その巨大な建築物が実現した可能性が、ここまでの情報整理から浮上してくる。

寺院建築は礎石が必須であり、神社建築は掘立柱が基本である。その相違からいえば、飛鳥の寺院建築と出雲の神社建築とをそのままに混同するのはむりであろうが、もともと建築物のなかった日本の神々の祀りが、仏教建築の影響を受けて建築物をともなうものになったという基本的な構想からすれば、欽明朝に実現した高度な建築技術を考慮して、出雲の巨大神殿の建築は欽明朝のことであった可能性が高いということをここに指摘しておくことができるであろう。

4 神社と神社建築

神を祭る場

古代の王権と神を祀る場や施設について考古学の知見を参考にして整理してみると、早い例として、邪馬台国の宮都と宮殿の跡と推定される三世紀中後期の纒向遺跡、初期倭王権の祭祀遺跡と推定される四世紀後半の三輪山《みわやま》祭祀遺跡、そして四世紀後半から九世紀まで祭祀が継続した宗像沖ノ島遺跡、の三つの事例が注目される。

〈纒向遺跡〉纒向遺跡は、東西軸に並ぶB棟、C棟、D棟が宮殿址と推定されるが、出現期が三世紀初頭、拡大期が二六〇～二七〇年頃、消滅が四世紀初頭とされている。

近隣地の纒向石塚古墳や箸墓《はしはか》古墳《ふん》は開始期古墳とされその築造年代は二五〇年頃と推定されている（橋本　二〇一一）。

〈三輪山祭祀遺跡〉三輪山祭祀遺跡は、祭祀の開始が四世紀後半以降で、その後五世紀後半にいたる長期間、巨岩の磐座《いわくら》を中心に、山ノ神遺跡では小型の素文鏡《そもんきょう》三点や碧玉製勾玉五点、水晶製《すいしょう》勾玉一点など、奥垣内《おくかいと》遺跡では多量の須恵器が注目される。

磐座での祭祀がピークを迎えるのは五世紀後半の滑石製模造品の奉献の時期であるが、六世紀前半には新たな画期を迎え、祭場が旧来の磐座から禁足地周辺へと移行し、祭祀具も子持勾玉《こもちまがたま》を中心とするかたちへと変わる。そして、六世紀後半からは禁足地での祭祀が中心となっていく（寺沢　一九八八、小池　一九九七）。

〈宗像沖ノ島遺跡〉宗像沖ノ島遺跡では、開始期が四世紀後半の一七号遺跡であり、その後八世紀から九世紀半ばの最終期の一号遺跡まで約四五〇年間にもわたる古代の奉献遺物がそれぞれの時代ごとの真正の遺物として伝存している。

そして、四世紀後半からずっと磐座での祭祀が継続され、それが禁足地祭祀へと変化するのは七世紀から八世紀の律令国家祭祀の形成の時期である（宗像神社復興助成会　一九六一、小田　一九八八）。

磐座祭祀から禁足地祭祀へ

この三輪山祭祀遺跡と宗像沖ノ島遺跡が発信している情報によると、四世紀後半の早い段階には巨岩に神聖性を感受する磐座祭祀のかたちがあり、六世紀後半から七世紀以降には空間と土地に神聖性を感受する禁足地祭祀のかたちがあらわれたことがわかる。

現在でも、大神神社《おおみわじんじゃ》は三輪山を神体《しんたい》とする神社であるとされており本殿《ほんでん》に見えるのは拝殿《はいでん》であると説明されているが、崇神紀が記す有名な「此の神酒《みき》は我が神酒ならず倭成《やまとな》す大物主の醸《か》みし神酒幾久《いくひさ》幾久」の歌には、「神宮に宴《とよのあかり》す」とも記されており、「神の宮」があったとされている。その神の宮という記事に対して、それは祭りの際の直会《なおらい》の宴のための宮であったと読むか、いや常在の社殿があったと読むか、問題は残るが、考古学の成果からは、この三輪山の地では四世紀後半から磐座祭祀があり、六世紀後半からは禁足地祭祀があったことが指摘できる。

その禁足地祭祀のかたちを長く伝えていたのは、その大神神社とならぶ近在の日本最古の神社の一つである石上神宮《いそのかみじんぐう》である。鎌倉時代造営の拝殿の背後に石製の瑞垣《みずがき》で囲まれた禁足地があり、長くその場所を祭祀していたが、そこには神剣「韴霊《ふつのみたま》」が埋納されているという社伝があった。明治七年（一八七四）に当時の大宮司《だいぐうじ》菅政友《かんまさとも》が発掘したところ、神剣や玉類が見つかったという。神剣は環頭大刀で、その柄頭《つかがしら》と金銅装飾品や、その他翡翠製の硬玉勾玉などが出土して神宝として保管されている。有名な七支《しちし》刀《とう》や鉄盾《てつたて》はそれらとは別に境内の神庫《しんこ》に納められていた。現在はかつての禁足地に本殿と校倉造《あぜくらづくり》の神庫が建てられているが、その本殿の造営は大正二年（一九一三）のことで、神庫はその前年に拝殿の西隣から移築されたものである。古代の禁足地祭祀の伝承事例として注目される。

社殿のない時代

現在では神社といえば、建築物としての神社の社殿が視覚的にももっともわかりやすい。しかし、歴史的には、磐座祭祀のかたちが古く、そのかたちを伝える神社も古代の宗像沖ノ島遺跡や三輪山祭祀遺跡だけでなく、現在の熊野《くまの》速玉大社《はやたまたいしゃ》の摂社神倉神社《せっしゃかみくらじんじゃ》のゴトビキ岩や、熊野灘に面した花窟神社《はなのいわやじんじゃ》の巨岩、大阪府交野市の磐船神社《いわふねじんじゃ》をはじめ、巨石や巨岩を神体とする神社は日本各地に数多く伝存している。また、奈良の石上神宮や福岡の宗像大社辺津宮《へつみや》の高宮祭場《たかみやさいじょう》のように禁足地祭祀の段階があったことを示す神社もある。

　現在も神祭りのたびに祭場に神籬が設けられる伝存形態としては、島根県松江市の神魂神社《かもすじんじゃ》の例などがあり、また神祭りに際して神柱が立てられる伝存形態としては、長野県の諏訪大社《すわたいしゃ》の御柱祭《おんばしらまつり》の例などがある。諏訪大社は、数え年で七年に一度、行なわれる勇壮な御柱祭で知られるが、上社本宮《かみしゃほんみや》も下社秋宮《しもしゃあきみや》も本殿はない。建物のない斎庭《ゆにわ》が大切にされており、上社と上社前宮、下社と下社春宮のそれぞれの神域の周囲に四本ずつ、計一六本の御柱が立てられる御柱祭の祭祀伝承がいまも続けられてきている。そして、何よりも伊勢神宮の式年遷宮それ自体が、神聖なる祭場への清新なる神殿造営を繰り返してきた祭祀方式の伝存形態にほかならない。もともと日本の神社には社殿がなかった時代があったことを示す神社の例が、日本の各地に少なくないのである。つまり、現在の各地の神社のかたちの多様性からは、神社の変遷史が見て取れるのである。

伝承の力

　重要なのは伝承の力である。歴史的に神祭りのさまざまな古態が存在しながらも時代の推移の中で次々と消滅していったのかというと、決してそうではない。古代から現代にまでつながる神祇祭祀の民俗伝承 tradition の中には、過去において日本の神祇祭祀が経験してきたさまざまな様態が、日本各地の祭祀伝承の多様性の中に伝存してきているのである。たとえていえばパソコン履歴である。一度書き込まれたり、上書き保存されたデータは、消去はしても完全には消去されないのであり、さまざまな条件のもとでそれらは潜在したり、その存在を表出するのである。それが、歴史の中の伝承の力であり意味なのである。

神明造と大社造

日本の古い神社の代表が、伊勢神宮と出雲大社である。しかし、それらは祭りの場の古態としての磐座祭祀や禁足地祭祀のかたちをとってはいない。いずれも視覚的で印象的な壮麗な神社建築として存在している。ただ、伊勢神宮の庭上祭祀や古殿地保存の方式には禁足地祭祀の伝承の一端が残っているということは重要である。

伊勢神宮の正殿の形式を神明造《しんめいづくり》といい、出雲大社の本殿の形式を大社造という。それぞれに異なる特徴があり、そのように呼びならわしているが、共通点もある。いずれも本殿の屋根に千木《ちぎ》と鰹木《かつおぎ》がある。千木というのは、屋根の頂部の大棟の両端に取り付けられた飾りで、二本の部材を伸ばして交差させて作ったX字形のものをいう。鰹木というのは、大棟の上に横に並べて置く少し中央部を膨らませた円筒形の部材である。横に向けて神宮正殿の外宮では九本、内宮では一〇本並べられており、出雲大社では三本である。この千木と鰹木はいずれも古代の宮殿建築に用いられていたもので、宮内

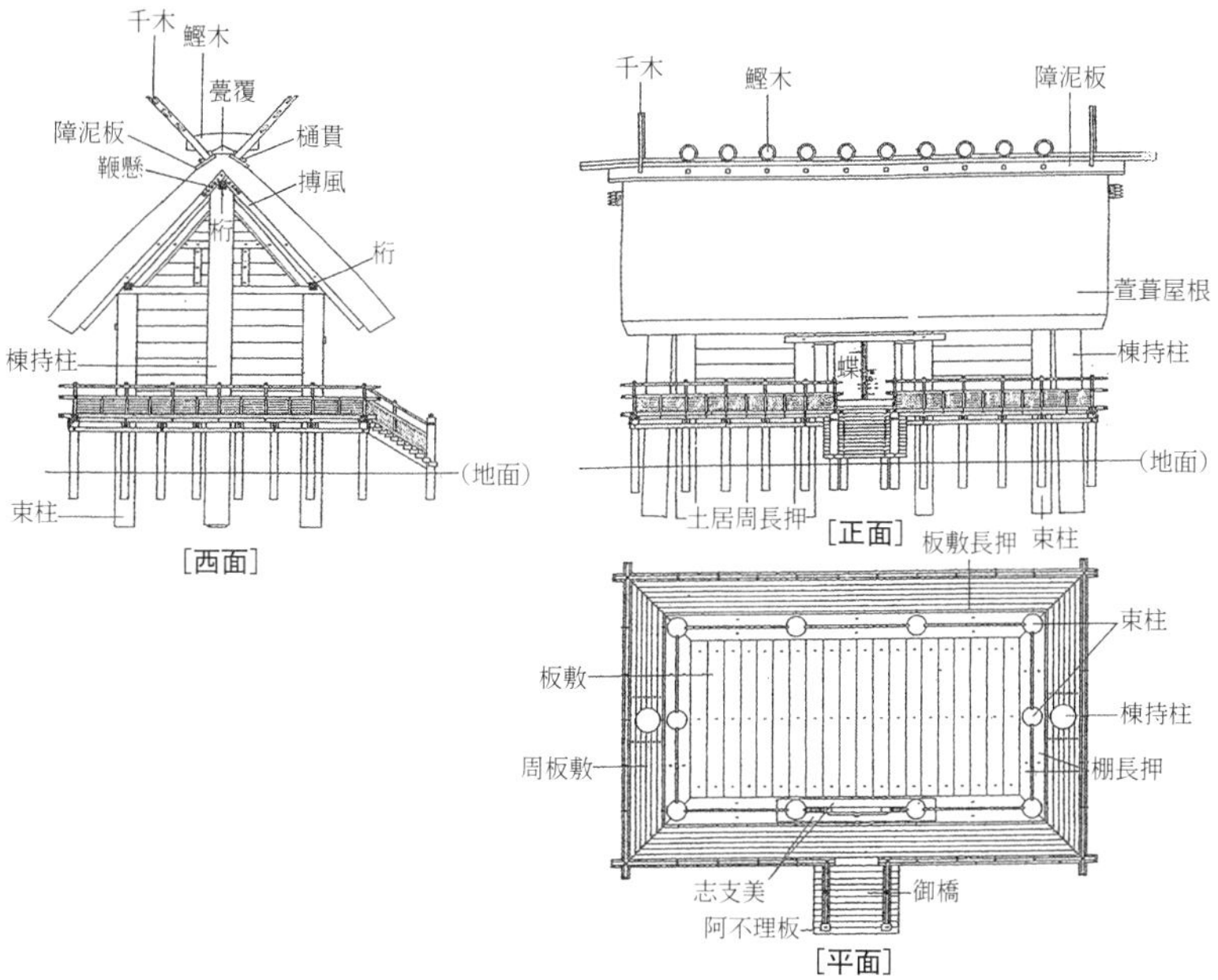

図 13　内宮（福山敏男原図作成，小堀邦夫『伊勢神宮のこころ，式年遷宮の意味』淡交社，2011 年より）

庁所蔵の大阪府百舌鳥《もず》陵墓《りようぼ》参考地から出土した家形埴輪《いえがたはにわ》にも千木と鰹木がみられ、その他日本各地の古墳から出土する家形埴輪にも鰹木がみられる。記紀神話でも、大《おお》国主神《くにぬしのかみ》が天孫と同じ宮殿を造って祀られることを求めたとき、「底つ石根《いわね》に宮柱ふとしり、高天の原に氷木《ひぎ》たかしりて」と『古事記』にある、その氷木というのが千木のことで、発音しにくいので後に訛《なま》ったものである。鰹木も、『古事記』の雄略《ゆうりやく》天皇の故事で、天皇が河内《かわち》に行幸したとき、「堅魚《かつお》を上げて舎屋《や》を作れる家」があり、それがこの土地の志幾大県主の家

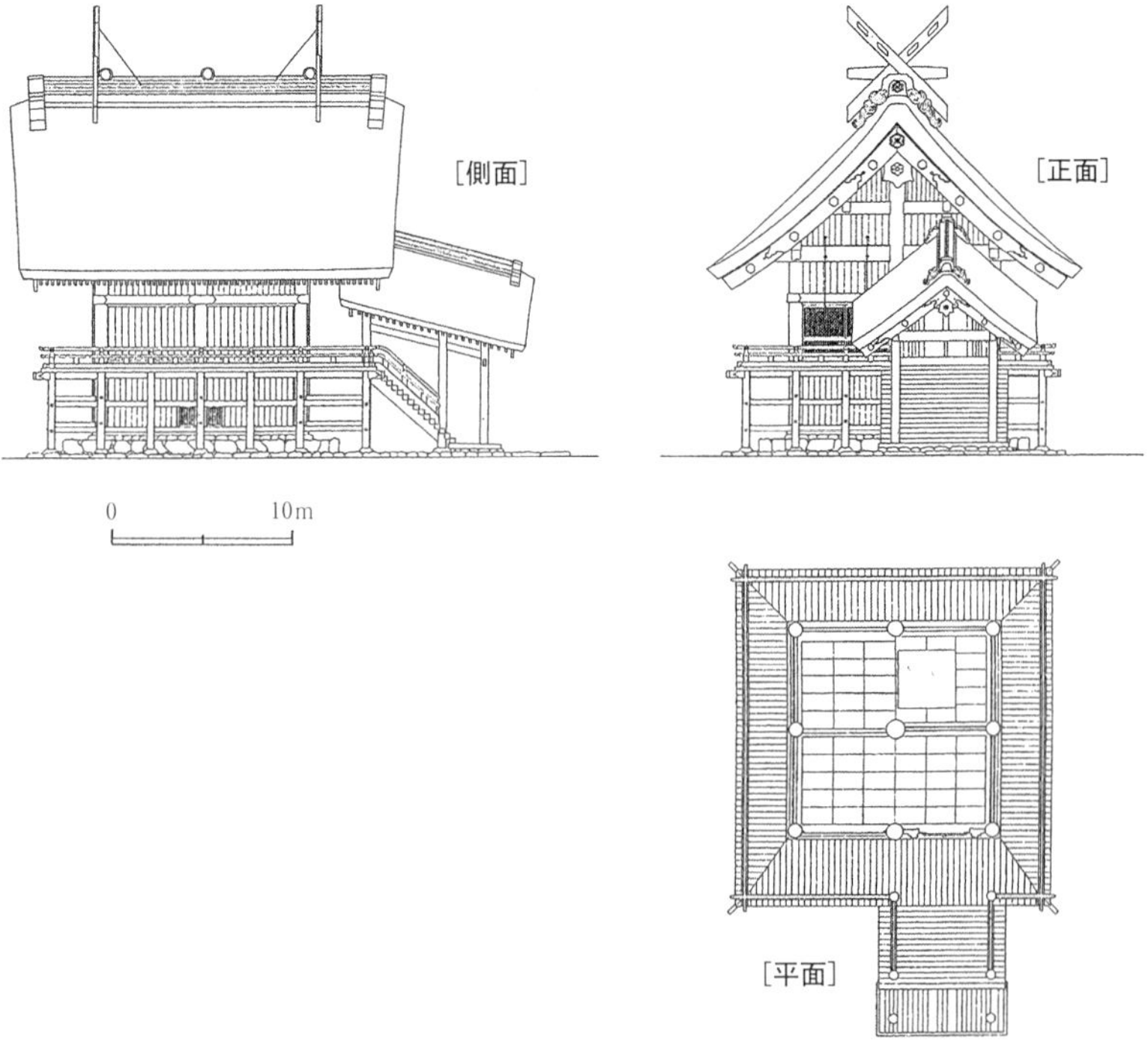

図14　出雲大社本殿（大社町教育委員会『出雲大社社殿等建造物調査報告書』2003年より）

だと知って怒った天皇が「奴や、己が家を天皇の御舎に似せて造れり」といって火をつけて焼こうとした話が伝えられている。千木や鰹木は特別な権力者の宮殿の標《しるし》であったと考えられる。

なお、千木の先端を水平に切るのが内宮で、垂直に切るのが外宮である。水平が内宮なので内削《うちそぎ》、垂直が外宮なので外削《そとそぎ》と呼ばれる。材木の切断面を上に向ける水平の内削の方が、雨水が染みこんで材木が腐る原因になるので、垂直に切る外削が圧倒的に多い。出雲大社も垂直に切る外削である。内削が女神、外削が男神というのは後付けの俗説に過ぎない。なお、神社建築について詳しいのは三浦正幸氏であり（三浦　二〇一三）、ここではその三浦氏の論考を参考にしながら神社の社殿について整理してみることにしよう。

まず、伊勢神宮の神明造と出雲大社の大社造の主要な相違点を整理してみる。

神宮は、切妻造《きりつまづくり》の平入《ひらいり》、萱葺《かやぶき》、左右対称で、正面三間に側面二間の建物である。間というのはもともと柱間《はしらま》の数を表すものであり、正面が三間といえば柱は四本でその柱の間が三間という意味である。神宮の柱は円柱で正面四本、正面奥四本、側面二本、合計一〇本に、左右の側面には棟木《むなぎ》を受ける棟《むな》

表3　伊勢神宮と出雲大社

	本殿形式	身舎	身舎の向き	屋根	構造	祭員	性格
神宮	神明造	切妻造	平入	萱葺	左右対称	祭員非参入	神の占有空間
大社	大社造	切妻造	妻入	檜皮葺	左右非対称	祭員参入	祭員の祭祀空間

持柱《もちばしら》が一本ずつ建てられている。一つの特徴は、棟持柱二本と正殿の一〇本の宮柱とは別に、正殿の中央の床下に特別に秘儀として建てられる「心御柱《しんのみはしら》」があるという点である。その柱は床下面に届いておらず、建築構造的には意味のない柱である。しかし、その「心御柱奉建」の儀は秘儀中の秘儀とされている重要なものである。建築構造的な意味以外の重要な意味がある。

大社は、切妻造の妻入《つまいり》、檜皮葺《ひわだぶき》、左右非対称で、正面二間、側面二間で、柱を田の字型に九本立てる。正面と背面の妻壁の中央の柱を棟持柱として宇豆柱《うずばしら》と呼んでいる。九本の柱の内、中央の柱はとくに太くされており、岩根柱《いわねのはしら》という。近世以降はそれを心御柱と呼んでいる。それは巨大な宮殿を支えている建築構造的にも重要な柱である。本殿に向かって正面の右側を扉とし、左側を蔀《しとみ》とし、右側に階段が設けられて左右非対称となっている。近世以降は階段に小さい切妻屋根を掛けるようになっている。本殿内の高床は畳敷きで、岩根柱の後方、正面から向かって右奥の間に左方《さほう》つまり西方に向く流造《ながれづくり》の内殿を安置してありそれが神座とされている。この神座とされる小さな内殿の流造というのは前面の屋根がやや長く流れ出ている形式である。

神宮の心御柱

心御柱についての論究はさまざまに多い（榎村　一九九七、牟禮　一九九九、黒田　二〇一二）。しかし、問題点の整理のため、ここで要点を示せば注目点は以下のとおりである。

①正殿の建築とは別の神事として「鎮地祭」とともに「心御柱奉建」の儀が執行されるのが基本で

図 15　伊勢神宮

ある。②二〇年ごとの式年遷宮のたびに旧正殿の御敷地が東西の古殿地《こでんち》として残され、その古殿地に必ず覆屋《おおいや》とともに保存される。③心御柱の真上の正殿中央には神鏡《しんきょう》が奉斎されている。心御柱は正殿建築とは別のものでありながら真上にある神鏡の存在を表象している。

これらの点から指摘できるのは、以下の結論である。第一に、心御柱は真上にある神鏡の存在を表象している。第二に、古殿地の心御柱には二〇年ごとに同じ地点に戻る標識という意味もある。第三に、天照大神は、崇神天皇《すじんてんのう》の大殿から笠縫邑《かさぬいむら》へ、大和から近江、美濃、伊勢へとよき鎮座地を求めて移動してきて、いまも二〇年ごとにこの地でも移動を続けている動く神である。第四に、東西軸の二〇年ごとの往復には稲の王であり太陽の王である皇孫と皇祖神天照大神の永遠の東西運動、呼吸運動という意味がある。第五に、神宮の社殿は南北軸に造営されながらも遷宮という東西軸の往復運動が続いているということは、卑弥呼や「日出る処の天子」と名乗った倭国の王、天皇の伝統的な世界観の表象がいまも続けられているということを示す。第六に、心御柱は具体的な機能をもつ建築部材ではないが、動き続ける神である天照大神と神鏡の所在を示す外部表象としての重要な意味がある。

なお、付言すれば、神祇祭祀をはじめ信仰的な世界を考える場合には、現世と異界の時間感覚の違いを考慮することも参考になるであろう。現世と異界の時間に大きな違いがあるという伝承は世界各地に多い。たとえば、日本の浦島伝説《うらしまでんせつ》では異界の三日間は現世では三〇〇年といい、筆者の海外科研での調査対称の一つ、フランスのブルターニュ地方のロクロナンという町のトロメニという伝統行事では、天上の神からあの世での幸福を授けてもらうためには、死後の世界では自分の棺《ひつぎ》の長さしか歩けないので、この世にいるうちにトロメニの全長一二キロの巡礼路を歩いておかねばならないと言い伝えられている。あの世では途方もなく時間が長くなるという考え方は、アーサー王物語をはじめアイルランドやブルターニュに伝わるケルト文化的な生と死の考え方として注目される（新谷・関沢　二〇〇八、新谷　二〇〇九ａ）。遷宮の二〇年間隔にはもともとは朔旦冬至《さくたんとうじ》にあわせる意味があったのは確実であるが（石野　二〇一二）、異界の神の世界ではもっと頻繁な活性的な移動であるかもしれないのである。

それに対して、出雲大社の心御柱は、中世までは岩根柱《いわねのはしら》と呼ばれていたように、建築構造物を支える重要な建築部材としての役割を果たしている。それは、『古事記』の神話が「底つ石根《いわね》に宮柱ふとしり、高天の原に氷木《ひぎ》たかしりて」と記しているように、島根半島の付け根に立地して動かぬ神としての大己貴神の住居にふさわしい。この動く伊勢と動かぬ出雲、というのも対照的である。

春日野と春日社

古くは神の社はなかったが、のちに社殿が建てられたという例もある。その典型的な例の一つが奈良の春日社である。奈良の春日社が春日大社《かすがたいしゃ》と呼ばれるようになったのは昭和二十一年（一九四六）に宗教法人春日大社となってからである。その神社建築は春日造《かすがづくり》と呼ばれる本殿建築の典型例として知られている。しかし、古い時代をさかのぼれば、社殿のない時代があった。それは、天平勝宝八年

（七五六）六月九日の「東大寺山堺四至図」に、御蓋山《みかさやま》とその山麓の「神地《しんち》」と注記されている一画があり、それがのちの春日社の社殿の地に該当すると考えられるからである。それに先立つ天平勝宝三年の光明皇太后が甥の遣唐大使藤原清河《ふじわらのきよかわ》のために航海の安全を祈願したときの『万葉集』に収められた歌四二四〇・四二四一には、「大船に　真楫繁貫《まかじしじぬ》き　この吾子《あこ》を　韓国《からくに》へ遣《や》る　斎《いわ》へ神たち」とあり、それに答えた藤原清河の歌に「春日野に斎《いつ》く三諸の梅の花　栄えてあり待て　還り来るまで」とある。

その時点ではまだ春日野が神域とされており、固定化された神社の社殿は建てられていなかったと思われる。しかし、『万葉集』四〇五の歌では「ちはやぶる　神の社し　なかりせば　春日の野辺に粟蒔かましを」と詠まれており、まもなく社殿が建てられたものと考えられる。その社殿の造営については同時代の記録はなく詳細は不明であるが、春日社家《しゃけ》に伝来した鎌倉時代写本の『古社記』には、神護景雲《じんごけいうん》二年（七六八）十一月九日に、御蓋山の山腹に左大臣藤原永手《ふじわらのながて》が創建したと伝えている。

春日社の祭神

その春日社の祭神は、『続日本紀』の宝亀八年（七七七）七月十六日条の内大臣藤原良嗣《ふじわらのよしつぐ》の病気に際して平癒を祈って氏神の常陸《ひたち》国の鹿島神《かしまのかみ》と下総《しもふさ》国の香取神《かとりのかみ》に正三位《しょうさんみ》と正四位下《しょうしいげ》の神階《しんかい》を授けたという記事からすれば、まだ鹿島神と香取神であったと考えられる。

ただし、鹿島神が、国譲り神話と神武東征神話で登場する建御賀豆智神《たけみかづちのかみ》（武甕槌命）で、香取神は、伊波比主神《いわいぬしのかみ》つまり経津主命《ふつぬしのみこと》だという説明は、後世の仮託である可能性が高い。もともと『日本書紀』では武甕槌神の剣を韴霊《ふつのみたま》といい、『古事記』では布都御魂と呼んでいる横刀であり、それは石上神宮に収めてあるという。つまり、もと武甕槌神は石上神宮で物部氏《もののべし》の祭る神であったとされているのである。それが、後に藤原氏《ふじわらし》の台頭の中で鹿島神に擬《なぞら》えられた可能性が高い。経津主神も『古事記』にその記載はない。経津主神は『日本書紀』神代第九段一書第二の国譲り神話では武甕槌神の役割を果たしているが、その記述の中に唐突に「斎主の神を斎の大人と号す。此の神、今東国《とうごく》の楫取《かとり》の地に坐す」と出てくるのみであり、前後の脈絡がないまま挿入されている。つまり、記紀には鹿島神が武甕槌神、香取神が経津主神という説明はないのである。藤原氏の氏神とされた鹿島神と香取神の説明において、後になって記紀神話の武甕槌神と経津主神が擬えられた結果であるといえよう。『続日本紀』をはじめ奈良時代の記録には、鹿島神が武甕槌神だという記事はない。

二神から四神へ

その藤原氏の氏神は、こののちも記紀神話に擬えられて変化していく。奈良朝の宝亀八年（七七七）に藤原良嗣の病気に際して平癒を祈った藤原氏の氏神は、鹿島神と香取神の二神であった。しかし、平安朝の『続日本後紀《しょくにほんこうき》』の承和《じょうわ》三年（八三六）五月九日条の藤原常嗣《ふじわらのつねつぐ》の航海安全祈願の記事では、鹿嶋坐健御賀豆智命と香取坐伊波比主命に加えて枚岡《ひらおか》坐天之子八根命《あめのこやねのみこと》と比売神という「四柱大神《よはしらのおおかみ》」へと変わっている。それは、中臣氏《なかとみうじ》の祖神が記紀神話でも『新撰姓氏録《しんせんしょうじろく》』でも、天児屋命《あめのこやねのみこと》とされているからであり、それとの整合性をはかったからだと考えられる。

そうして平安時代には、『延喜式』(九二七年完成、九六七年施行)に収める春日祭《かすがのまつり》の祝詞《のりと》でも「鹿嶋坐健御賀豆智命、香取坐伊波比主命、枚岡坐天之子八根命、比売神、四柱能皇神《すめがみ》等能広前仁白久」と春日社の祭神は「四柱大神」となっていったのである。

春日造の本殿

現在の春日大社は、丹塗《にむ》りの色鮮やかな本殿・中門・南門・回廊などの壮麗な建築物が参拝者の目をひく。しかし、それは長い歴史の中で興福寺《こうふくじ》の影響を受けるなどした変貌の中に現在に至っているものである。

応徳《おうとく》三年(一〇八六)の白河院から始まる院政期の春日社は、興福寺からの強い要請を受けて増改築を進め、まず本殿の四殿を囲む瑞垣《みずがき》と鳥居《とりい》が、十二世紀初期には神前読経のための建物である御廊と中門によって囲まれた。また、中門の外で奉幣や祭事を行なう空間も瑞垣を巡らして南面と西面に鳥居を建てていたが、南面の鳥居は承保《じようほ》二年(一〇七五)に四脚門《しきやくもん》に改められた。その後、治承《ちしよう》三年(一一七九)の改築によってその瑞垣が回廊となり、南門の四脚門も現在みるような二階建ての楼門《ろうもん》へとその姿を変えた(白原 二〇一一)。

そのような変化の中で、根津美術館所蔵の春日宮曼荼羅《かすがみやまんだら》では、まだ本殿の四殿を囲む瑞垣と鳥居が描かれている。回廊や楼門がない状態で描く春日宮曼荼羅は、歴史的な意味からも貴重である。楼門や回廊は仏教建築の基本であり、神社建築のものではない。しかし、日本各地では神仏習合の長い時代の影響を受けて、楼門や回廊を設けている神社が少なくないのが現実である。楼門や回廊があるかないかは、由緒の古い神社建築の長い歴史と変遷をみる上で、仏教の影響について参考になる一つの視点である。この春日社もその典型例である。

　では、肝心の本殿についてみてみよう。春日造と呼ばれるように、春日社の本殿には特徴がある。建築様式としては、①切妻造・妻入・檜皮葺・左右対称・祭員非参入・神の占有空間、というかたちである。②「四神大神」のために一間社《いっけんしゃ》という小規模の社殿が四棟あるが、この一間社というのは柱が左右前後に二本ずつ計四本で、柱間が一間という小規模の社殿という意味である。③掘立柱ではなく柱下《ちゅうか》に井桁《いげた》に組んだ土台をもつ。この三点が特徴である。四神となったのは平安遷都以降であり、しかも春日社の祭神が新たに平安京《へいあんきょう》で大原野神社《おおはらのじんじゃ》にも祀られた段階からのことである。それは承和三年（八三六）の藤原常嗣の航海安全祈願から遠くは遡らない時期であったろうが、その際に小規模の社殿が二棟から四棟になった可能性がある。

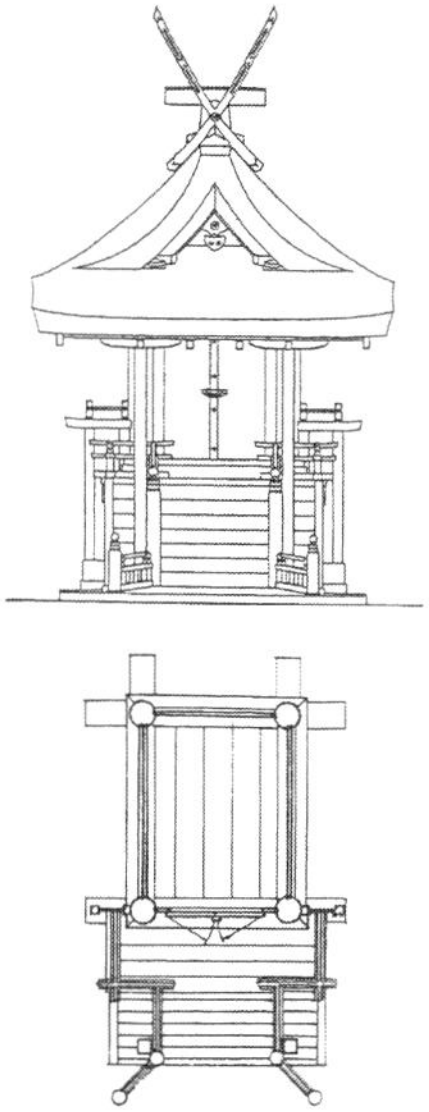

図16　春日社本殿
（三浦正幸『神社の本殿』吉川弘文館，2013年より）

　神社建築の特徴である掘立柱ではなく、井桁に組んだ台座《だいざ》の上にあるという点については、建築史の立場から、移動させやすい構造で本殿が年に一度の神の降臨に際しての神の宿舎という性格をもつからだという稲垣榮三氏の説（稲垣　一九七三）と、移動のためではなく細い柱の本殿の安定性確保のためという三浦正幸氏の説（三浦　二〇一三）とがあるが、説得力のあるのは後者であろう。三浦氏は、まず神社の本殿とは何か、について「神の専有空間を内包する建築で、そこに神が常在するとされているもの」と定義して、神の去来や降臨のための御旅所《おたびしょ》や祭殿とは明確に区別するという。

神社建築の分類

神社建築の多様性と分類については、現在広く定説化されている恩師稲垣氏の説を紹介した上で、それを批判し新たな分類案を提示している。稲垣説は、「土台・心の御柱・二室」という概念で分類したものであり、①土台については、本殿の柱下に井桁に組んだ土台をもつ春日社や賀茂《かも》上下両社のタイプに注目して、それは移動させやすい構造であり、本殿が年に一度の神の降臨に際しての神の宿舎という性格をもつからだと考えた。②心御柱をもつ伊勢神宮や出雲大社のタイプについては、心御柱は構造的にはほとんど無用なもので神秘性を帯びたものとみて、いずれも本殿は掘立柱の古代の宮殿の手法で造られており神が常在する宮殿として造られている、とした。③本殿形式が二室に分かれている点については、住吉大社《すみよしたいしゃ》や宇佐八幡宮《うさはちまんぐう》のタイプに注目しているが、その起源や意味は互いに異なる、としている。

それに対して、三浦説では、①土台については、規模の小さい春日社の土台は移動のためではなく細い柱の本殿の安定性確保のためであり、規模の大きい賀茂上社の土台は遷宮に際して引き家工法で移動させるためであるといい、神が本殿に常在するという点に疑いの余地はないという。②心御柱についていては、出雲大社の心御柱は巨大神殿を支える機能を物理的に果たしており、建築構造上とくに神秘性は認められないという。それに対して伊勢神宮の心御柱は建築構造とは完全に遊離しており、両者を同列に考えるわけにはいかない、つまり神秘性を考えることができるという。③二室の構成についていては、住吉と八幡《はちまん》の二つのタイプに相違はないとし、いずれも古代の宮殿の間取りに倣ったもので常在する神の昼と夜の御座《ござ》であるとする。

三浦説の分類案でとくに説得的なのは、出雲大社のような本殿の中に内殿があるタイプと伊勢神宮のように内殿がないタイプとに注目して、前者を神職祭員の参入タイプ、後者を非参入タイプと分類している点である。そして、参入タイプの本殿は古代の宮殿と類似して左右非対称の形式となり、非参入タイプの本殿は左右対称の形式となる、そこで、左右対称という造形は仏教建築からの強い影響によって新たに創始されたものというほかないと断言している。

神社本殿について考察する上で、参入式か非参入式かという分類が重要であるということが、以上の追跡の結果から指摘できるであろう。

第3章　平安時代の祭祀と神社

1　平安遷都と「延暦の新制」

怨霊から逃れるための新都

平安京《へいあんきょう》は、延暦《えんりゃく》十三年（七九四）にそれまで原野の広がっていた山背《やましろ》国葛野《かどの》郡《ぐん》の地にまったく新たに建設された計画都市である。

桓武《かんむ》天皇は、まだ一〇年ほど前に造営したばかりの長岡京《ながおかきょう》を捨てて、山背国葛野郡に造営した新京に延暦十三年十月二十二日に入る。『日本紀略《にほんきりゃく》』によればその直後、「葛野の大宮地《おおみやどころ》は、山川も麗しく四《よ》方《も》の国の百姓《おおみたから》の参出来《まいでく》ることも便《たより》して云々」という詔《みことのり》を発している。十一月八日には山背国を山城《やましろ》国と改名するとともに、参集した群臣の謳歌の中で異口同辞に唱えられた「平安京」を新京の名としたという。しかし、この平安京の名は、その名前とは真逆な桓武の恐怖心からきている命名であった。

平城京《へいじょうきょう》の宮都は、東大寺大仏殿や正倉院で知られる聖武《しょうむ》天皇と光明子《こうみょうし》の栄華の時代から、弓削道《ゆげどう》鏡《きょう》を寵愛した称徳女帝の時代を経て、すでに血なまぐさい都となっていた。その後の皇位継承の争いの中で生き残ったのが、桓武であった。称徳の急死のあとに即位した光仁《こうにん》天皇は、天皇になる可能性のほとんどなかった傍流の皇族の一人であった。それが、藤原永手《ふじわらのながて》や良継《よしつぐ》や百川《ももかわ》に担がれての六二歳での異様な即位であった。皇后は聖武の皇女井上内親王《いのうえないしんのう》、皇太子は若き他戸《おさべ》皇子であった。その光仁《こうにん》を父に、百済《くだら》系渡来氏族の高野新笠《たかののにいかさ》を母にもっていたのが、すでに三四歳の壮年に達していた山部《やまべの》王《おおきみ》（後の桓武）であった。

聖武系の皇后と皇太子を謀殺

光仁の即位後まもなく、藤原百川らの陰謀で井上皇后と他戸皇太子は謀反を企てたという無実の罪で憤死させられてしまう。そして、三七歳の山部王（桓武）が皇太子となる。その後、天応《てんおう》元年（七八一）、七二歳の老帝光仁の引退譲位《じょうい》により、桓武が四五歳で即位する。光仁、桓武ともに異例の高齢での即位であった。皇太子は光仁と高野新笠の同腹弟の早良親王《さわらしんのう》とされた。するとまもなく、聖武天皇の皇女不破内親王《ふわないしんのう》とその子の氷上川継《ひがみのかわつぐ》が謀反の疑いをかけられて消されてしまう。

憤死した彼らの亡霊の祟りを恐れた病脳がちの桓武は、おそろしい平城京を捨てて、新都を山背国乙訓郡《おとくにぐん》の宇治川《うじがわ》・桂川《かつらがわ》・木津川《きづがわ》の三川が合わさって淀川《よどがわ》となるあたりを南端とする土地を選び、そこに新都長岡京の造営を進めた。その責任者に任命されたのは桓武の寵臣藤原種継《ふじわらのたねつぐ》であった。山背国は渡来系氏族の秦氏《はたうじ》の本拠地でもあり、藤原種継は母親がその秦氏の出身であった。桓武も百済系の母方からの血を引く渡来系の出自であった。延暦三年（七八四）、桓武は遷都《せんと》を断行する。

早良親王の謀殺

しかし、その長岡京も平和な都とはならなかった。翌年に種継が反対勢力によって暗殺されてしまった。その事件に関して謀反の疑いをかけられたのが、皇太子早良親王であった。さっそく早良親王は皇太子を廃され、乙訓寺《おとくにでら》に幽閉され淡路国《あわじ》へ配流となったが、一〇日余り飲食を拒み続けたまま淡路に移送しようとした途中、淀川の高瀬橋のほとりでこと切れたという。三六歳であった。それでも屍は淡路へと運ばれその地に葬られた。

早良親王に代わって皇太子となったのは、桓武の嫡子安殿《あて》親王（後の平城《へいぜい》天皇）であった。事件の関係者の一人とされたのが大伴家持《おおとものやかもち》であった。事件の起こった九月二十三日にはすでに家持は八月二十八日に亡くなっていたが、家持は官籍から除名されるという厳しい処分を受けた。家持の名誉回復ができたのは事件から二〇年以上も経った延暦二十五年（八〇六）三月十七日のこと、それはちょうど桓武が没したその日であった。恩赦で従三位に復帰することができたのである。

長岡京から脱出

早良親王の延暦四年（七八五）の憤死は、長岡京のすぐ近く、乙訓寺から出て淀川を渡る高瀬橋あたりでの無念の死であった。まもなく、桓武の身辺に不幸な出来事が頻発するようになる。

延暦七年には、藤原百川の娘で桓武の夫人旅子《りょし》が三〇歳の若さで死に、延暦九年には、良継の娘で皇后の乙牟漏《おとむろ》が同じく三一歳の若さで死ぬ。その前年延暦八年には生母高野新笠も死亡し、それに加えて延暦九年には、当時豌豆瘡《えんどうそう》と呼ばれた天然痘が猛威をふるい、その蔓延で多くの人命が失われた。

天然痘の流行は、前にも平城京で天平《てんぴょう》年間の七年（七三五）から九年にかけてあったが、そのときは、藤原武智麻呂《ふじわらのむちまろ》・房前《ふささき》・宇合《うまかい》・麻呂《まろ》の四兄弟が相次いで死亡したほどのおそろしい病気であった。

そのときは聖武の恐怖心から、東大寺《とうだいじ》の盧遮那大仏《るしゃなだいぶつ》の建立へと向かったのであった。この延暦年間の天然痘の流行もそれに匹敵するほどで、桓武たちをおびえさせた。延暦十年の皇太子安殿親王の病気も桓武を悩ませ続けた。

陰陽寮《おんみょうりょう》の卜占《ぼくせん》によれば、それらは平城京で謀殺された聖武系の皇后井上内親王と皇太子他戸皇子、不破内親王と氷上川継の怨恨の亡霊の祟りによるものであり、さらには長岡京で無実の疑いの中に憤死した皇太子早良親王の亡霊の祟りによるものであるとの判断であった。それにおびえた桓武は、延暦十九年、井上内親王を皇后に復し、早良親王に崇道天皇《すどうてんのう》と追号《ついごう》してその名誉を回復し、墓を山陵として鎮謝した。延暦二十五年に桓武は七〇歳の高齢で没するが、その後半生はあえていえば、公的には蝦夷《えみし》の征討と平安京の造営という強大な権力の発動と、私的には怨霊への恐怖と相次ぐ病脳の人生であったといってよい。

延暦の新制

柳田國男は、桓武朝における神祇祭祀の新たな動きを「延暦の新制」と呼んでいる（柳田　一九四七）。

桓武の生母は高野新笠という百済系の女性であった。その高野新笠の父親は百済系渡来氏族の和乙継《やまとのおとつぐ》であり、桓武天皇の神社祭祀にその百済系の生母の出自が大きな影響を与えていたことは上田正昭氏も指摘しているところである（上田　一九九三）。

天神郊祀と平野社創始

たとえば、その一例は、延暦四年（七八五）十一月十日の交野柏原《かたのかしわはら》への天神《てんじん》の郊祀《こうし》である。その天神郊祀というのは中国皇帝が冬至《とうじ》の日に皇都南郊の天壇《てんだん》で行なう祭祀であり、その交野柏原というのは百済王氏《くだらのこきしうじ》の本拠地であった。

また、注目される神社の創始の例といえば、平野《ひらの》神社《じんじゃ》がある。平城京の田村後宮《たむらのこうきゅう》、つまりもと藤原《ふじわらの》仲麻呂《なかまろ》の邸宅であった田村第《たむらてい》を、のちに光仁天皇が後宮としてしばしば酒宴や賜禄を行なったが、その後宮に祀られていたのが今木大神《いまきのおおかみ》という祭神《さいじん》であった。その今木大神を延暦年間、社伝では延暦十三年に、平安京へと遷座して平野神社として新たに創建したのである。

平野神社はその今木大神という祭神の名前からも知られるように、今来大神つまり新たな半島渡来の神であった。上代仮名遣いでは「き」の「来」は甲類で「木」は乙類であるが、八世紀後半以降は音韻《おんいん》表記にも乱れが生じていた可能性があり、今木は今来と通じるものとなっていた可能性がある。つまり、平野神社の祭神は平城京の田村後宮で光仁と山部王（のちの桓武）が、高野新笠やその父親の和乙継とともに祀っていた神である可能性が高い。桓武はその今木大神を主神《かんつかさ》として、久度《くど》神《かみ》と古《ふる》開神《あきかみ》という渡来系の二神を加えた三神に相殿比売《あいどのひめ》神《がみ》をのちに加えて計四神として皇大御《すめおおみ》神《かみ》、つまり皇室の守護神として祀ったのであった。

大原野神社

桓武はまた、平城京から長岡京へと遷都するに際して、自分を擁立し支えてくれた藤原百川やその子の緒継、また夫人乙牟漏の父親の藤原良継《ふじわらのよしつぐ》や長岡京造宮長官に抜擢していた種継ら藤原氏《ふじわらし》一族が祀る平城京の春日社《かすがしゃ》の祭神を、新しい長岡京へと遷座したが、その後、延暦十三年（七九四）の平安京遷都にともない平安京へ遷座した。それが西京区大原野《おおはらの》に鎮座している大原野神社である。

奈良の春日社はそのまま本社として祭祀が続けられ、大原野神社は新たに平安京における摂関家《せっかんけ》藤原氏の氏神として尊崇を集め、その後歴代の藤原氏出身の皇后や中宮の参詣《さんけい》があいつぐこととなった。

守護神と先祖神

このような「延暦の新制」といわれる宮廷の神社祭祀の変化の中で、あらためて天児屋根命《あめのこやねのみこと》と比売神を祭神とする河内《かわち》国の枚岡社《ひらおかしゃ》の存在がクローズアップされてきた。その枚岡社の歴史は明らかでないが、中臣氏《なかとみし》の一族の平岡連が河内国を本貫《ほんがん》としてその祖神を祭ったと伝える。しかし、その確証はなく、史料的に追跡できる早い例は大同《だいどう》元年（八〇六）に神封《じんぼう》六〇戸、承和《じょうわ》三年（八三六）に天児屋根命に正三位、比売神に従四位上の神階《しんかい》を授けたという記事である。その後、同六年にはそれぞれ従二位、正四位下、貞観《じょうがん》元年（八五九）には天児屋根命に正一位、比売神に従三位を授けたと『三代実録《さんだいじつろく》』にある。

こうして奈良の春日社、河内の平岡社、平安京の大原野神社という藤原氏の祀る神社について整理してみてわかることは、藤原氏の氏神は、はじめのうちは鹿島社《かしましゃ》・香取社《かとりしゃ》であった。それがのちに

「鹿嶋坐健御賀豆智命《たけみかづちのみこと》、香取坐伊波比主命《いわいぬしのみこと》」となった。そしてその後、枚岡社の「枚岡坐天之子八根命、比売神」を加えていったということである。つまり、氏神の意味が藤原氏の場合には、はじめ平城京の時代には氏族の守護神という意味であったのが、のちに平安京の時代にはそれに氏族の祖神という意味が加わっていったのである。

2　二十二社・一宮と王城鎮守・国鎮守

二十二社の成立

古代の神祇祭祀の上で、七世紀末から八世紀初頭の、天武朝から大宝《たいほう》年間にかけて形成された神祇《じんぎ》令《りょう》を中心とする「律令祭祀制」に対して、それとは異なる新たな「平安祭祀制」が、九世紀から十世紀に形成されてくることを明らかにしたのは岡田荘司氏である（岡田　一九九四）。

岡田氏によれば、律令祭祀制の特徴は、①神祇官による運営、②年中四度の祭祀、つまり祈年祭《きねんさい》・月次祭《つきなみさい》・新嘗祭《しんじょうさい》が中心、③全国官社《かんしゃ》を対象としてその祝部《はふりべ》が幣帛《へいはく》を受け取りに来る幣帛班給制度にあった。それに対して、九世紀から十世紀に成立する平安祭祀制においては、国家祭祀と天皇祭祀とが重なり合い、やがて天皇祭祀の性格が濃厚となった点が大きな変化であった。

そのような変化の起点にあったのは、藤原氏の氏神である春日社の春日祭《かすがのまつり》など、外戚の氏神祭祀を中心とした公祭制の成立であり、それは、わずか九歳の天皇を擁立して藤原良房《ふじわらのよしふさ》が摂政となった清和《せいわ》朝（八五八〜八七六）における一つの画期であった。

その後、宇多《うだ》朝（八八七〜八九七）以降は、賀茂臨時祭《かものりんじさい》をはじめとする神社臨時祭の方式が成立するとともに、中央の有力神社の十六社から二十二社に対象が拡大されながらそれらの主要神社への奉幣制度が確立して、天皇の代替わりごとに大神宝使《だいじんぽうし》が遣わされるかたちが制度として定着することとなった。そして、二十二社の中の有力神社である賀茂上下社や石清水八幡宮《いわしみずはちまんぐう》などへの天皇の神社行幸《ぎょうこう》がさかんに行なわれるようになった。

このような平安祭祀制は、とくに宇多朝から後三条《ごさんじょう》朝（一〇六八〜七二）にかけて展開したものであったが、そうした中で、天皇祭祀の対象となった中央の有力な神社、二十二社が、天皇と平安京を守る「王城鎮守」と位置づけられていった。

二十二社の構成

その二十二社に位置づけられていった神社とは、上七社・中七社・下八社の計二十二社である。それは現在の呼称でいえば、次のような神社であった、

〈上七社〉①伊勢《いせ》皇大神宮《こうたいじんぐう》（内宮）・伊勢豊受大神宮《とようけだいじんぐう》（外宮）、②石清水八幡宮、③賀茂別雷神社《かもわけいかずちじんじゃ》（上《かみ》賀茂《がも》神社《じんじゃ》）・賀茂御祖神社《かもみおやじんじゃ》（下鴨神社《しもがもじんじゃ》）、④松尾大社《まつのおたいしゃ》、⑤平野神社、⑥伏見稲荷大社《ふしみいなりたいしゃ》、⑦春日大社《かすがたいしゃ》

〈中七社〉⑧大原野神社、⑨大神神社《おおみわじんじゃ》、⑩石上神宮《いそのかみじんぐう》、⑪大和神社《おおやまとじんじゃ》、⑫広瀬大社《ひろせたいしゃ》、⑬龍田大社《たったたいしゃ》、⑭住吉《すみよし》

大社《たいしゃ》
〈下八社〉⑮日吉大社《ひよしたいしゃ》、⑯梅宮大社《うめのみやたいしゃ》、⑰吉田神社《よしだじんじゃ》、⑱広田神社《ひろたじんじゃ》、⑲祇園八坂神社《ぎおんやさかじんじゃ》、⑳北野天満宮《きたのてんまんぐう》、㉑丹生川上神社《にふかわかみじんじゃ》上社・丹生川上神社（中社）・丹生川上神社下社、㉒貴船神社《きぶねじんじゃ》

このような二十二社として位置づけられた神社は、いずれも畿内《きない》近国に立地しており、古くからの由緒を誇る神社として、天皇と朝廷の崇敬を集めたのであったが、中には新しく信仰を集めるようになった霊験あらたかな神社もあった。たとえば、貞観二年（八六〇）に豊前《ぶぜん》の宇佐《うさ》八幡宮《はちまんぐう》の祭神を勧《かん》請《じょう》して山城国綴喜《つづき》郡《ぐん》の男山に創建された石清水八幡宮、また、貞観十八年に建立されたと『社家条々《しゃけじょうじょう》記録《きろく》』が伝える祇園八坂神社、そして、天暦《てんりゃく》元年（九四七）の創建と伝える菅原道真《すがわらのみちざね》の御霊を祭神として祀る北野天満宮などである。

延喜式内社

このような新しい平安祭祀制のもとでの神社編成に対して、もともと古代の天皇と国家を守るための律令祭祀制において幣帛班給の対象とされていたのは、『延喜式《えんぎしき》』の神名帳《じんみょうちょう》にその一覧が記載されている全国各地の重要神社であった。そこには、天神地祇《てんじんちぎ》あわせて大小三一三二座、そのうち大が四九二座、小が二六四〇座の神々と神社が記されており、それをみれば八世紀から九世紀の律令国家が重要視した神社とはどのようなものであったのかがわかる。

まず、その数であるが、畿内六五八座のうち大和《やまと》二八六座、山城一二二座、河内一一三座とこの三

国が圧倒的に多い。

東日本では、東海道《とうかいどう》諸国七三一座のうち伊勢二五三座、尾張《おわり》一二一座とこの二国が多く、伊豆《いず》も九二座であるが、駿河《するが》二二座、甲斐《かい》二〇座、武蔵《むさし》四四座とやや少ない国もある。

東山道《とうさんどう》諸国三八二座のうち上野《かみつけ》一二座、下野《しもつけ》一一座、出羽《でわ》九座に対して、陸奥《むつ》は一〇〇座と圧倒的に多い。中央政府が抵抗力の強かった陸奥を征圧する中で、その地に神々を祭り祈願を込めたものと推察される。

北陸道《ほくりくどう》諸国三五二座のうち若狭《わかさ》四二座、越前《えちぜん》一二六座、加賀《かが》四二座、能登《のと》四三座とそれぞれ比較的多いのも、朝鮮・渤海《ぼっかい》など外国との緊張と防衛の意味があるものと推察される。

西日本では、山陰道《さんいんどう》諸国五六〇座に対して、山陽道《さんようどう》諸国一四〇座、南海道《なんかいどう》諸国一六三座と、山陰道に圧倒的に多い。そして出雲《いずも》一八七座、但馬《たじま》一三一座であるのに対して石見《いわみ》は三四座と少ない。それでも山陽道の安芸《あき》三座、周防《すおう》一〇座の少なさに比べれば桁違いの多さである。

西海道《さいかいどう》諸国一〇七座でも、筑後《ちくご》四座、肥前《ひぜん》四座、薩摩《さつま》二座などが少ないのと比べると、壱岐《いき》二四座、対馬《つしま》二九座の多さが注目される。つまり、対外的な意味での朝廷と国家の鎮護が想定される神社祭祀であり、山陰道を中心として日本海沿岸での朝鮮半島に向けての緊張を反映するような神社の指定という傾向性が指摘できる。陸奥一〇〇座というのも蝦夷征討との関係性が推定される多さである。

そうした八・九世紀の律令神祇祭祀の有効性が弱体化していったなかで、次の十世紀以降に機能してきたのが、中央の二十二社制であり、地方諸国の一宮制であった。

諸国一宮

十世紀から十一世紀にかけて地方の諸国で形成されていったのが一宮《いちのみや》制であった。では、その一宮制とは何か。

古くは律令祭祀制のもとで地方の官社への幣帛班給の制度、つまり班幣《はんぺい》制が行なわれていたのだが、遠隔地の神社の中には幣帛を受け取りに来ない事態も生まれた。そこで、延暦十七年（七九八）、全国の官社を二系統に分けて、神祇官から幣帛を直接受け取る官幣社と、諸国の国司を通して幣帛を受け取る国弊社とに区別することとした。国司はそこで朝廷から任命されて地方の任国に赴くと、その国内の有力神社への巡拝と班幣を行なうことが決まりとなり、それが「国司《こくし》神拝《じんぱい》」と呼ばれるものであった。

その後、平安中後期になると、国司の巡拝は任国内の有力な神社から順番に行なわれるようになり、その国司が巡拝する順番によって、一宮、二宮、三宮と呼ばれるようになった。それがやがて、巡拝を煩わしく思う国司の場合、国内の有力な祭神を一つの神社に勧請して集めて祭り、その神社に参拝することで国内の神拝を済ませることとして、そのような神社が惣社《そうじゃ》（総社）と呼ばれた。

そうした一宮と総社という祭祀形態は、一方では、国司神拝の便宜上行なわれるようになったものであると同時に、もう一方では、任国に下向しなくなった国司に代わって地方行政の中心的な存在となった在庁官人たちにとって、その自らの神社祭祀の対象であり権威の象徴としての意味をもつこととなった。そうして、平安京の天皇と摂関貴族にとっての中央の二十二社制と、地方国衙と在庁官人にとっての一宮制という、国内神祇祭祀の上での相互補完の体制ができあがったのである。その二十二社が「王城鎮守」、一宮が「国鎮守」と呼ばれたのである。

王城鎮守・国鎮守

保安《ほあん》四年（一一二三）七月、比叡山《ひえいざん》の山門強訴《さんもんごうそ》の騒動に際して困惑した白河《しらかわ》法皇は、石清水八幡宮に告文《こうもん》を捧げて、その中で「抑《そもそも》我朝ハ神国なり、鎮守の誓願長垂無窮たり」（『平安遺文』一九九三）とのべている。その他の告文でも「大菩薩《ぼさつ》者、鎮護之誓不朽寸」、「大菩薩ハ鎮護国家乃誓深久」などとのべており、白河法皇にとって石清水八幡宮の八幡大菩薩は、国家鎮護の神仏であり国家の鎮守として位置づけられていたことがわかる。また、八幡宮《はちまんぐう》と八幡大菩薩が鎮守の神であるという考え方が、院政期には平安京だけでなく地方でもみられるようになっていたことが、久安《きゅうあん》元年（一一四五）の豊《ぶん》後《ご》国由原八幡宮《ゆすはらはちまんぐう》の解文《げぶみ》に「当社是大日本国鎮守百王守護神霊也」とあることによってわかる。

そしてそのころ、平安京でも祇園社《ぎおんしゃ》、祇園感神院《かんじんいん》が国家の鎮守であると位置づけられるようになっていたことが、久安三年七月の鳥羽上皇の院宣《いんぜん》によってわかる。そこには「祇園濫行《らんぎょう》事、衆徒《しゅと》参洛之時、可有裁許之由、被仰下畢、然者沙汰之間、縦経日数、任　勅定、暫可相待成敗也、何況感神院者、非只天台之末社《まっしゃ》、亦為国家之鎮守」とあり、天皇の行幸や院の御幸《ごこう》や、国家による臨時祭の対象としての神社となった祇園社は「国家之鎮守」と位置づけられるようになっていた。

鎮守の階層

そのような動向の中で、新たに現れてくるのが、「王城鎮守」「国鎮守」「郡鎮守」という表現である。石山寺《いしやまでら》に伝えられる永暦《えいりやく》二年（一一六一）七月の聖人覚西の祭文《さいもん》（『平安遺文』三一五五）には「王城鎮守天神地祇廿二社諸神」という表現がみえ、永万《えいまん》二年（一一六六）三月の散位《さんい》足羽友包の起請文《きしょうもん》（『平安遺文』三三八七）には、「梵天王帝尺天衆《ぼんてんおうたいしやくてんしゅう》五道冥宮天王天衆四大天王日月御星二十八宿殊王城鎮主十八大明神鴨下上八幡三所松尾稲□平野大原北野、別テハ当国鎮主山王七社王子《さんのうしちしやおうじ》眷属《けんぞく》楗部《たけべ》兵主《ひょうず》三神大明神当郡鎮主三尾十九所大明神□□□八所当御庄大井小井等大明神」という表現がみえる。起請文では鎮守でなく鎮主と表記されているが鎮守と同じ意味であろう。この史料を紹介した井上寛司氏によれば、当国とは近江《おうみ》国で、国鎮守は近江国の建部《たけべ》神社、郡鎮守は高島郡《たかしまぐん》の水尾《みずのお》神社、そしてその下に荘郷鎮守が祀られていると読み取れるとして、起請対象の神祇が、「王城鎮守」「国鎮守」「郡鎮守」「荘郷鎮守」というように体系立てられていたのだという（井上　二〇〇二）。嘉応《かおう》二年（一一七〇）三月の肥前国留守所から佐嘉《さが》郡司に宛てた下文《くだしぶみ》にも「当社者、是為当国第一之鎮守之間、為奉祈天朝国家、奉寄講経免之処」とあり、国鎮守は地方の国の鎮守であると同時に、中央の天朝国家の鎮守でもあると位置づけられていたことがわかる。それは、鎌倉時代においても同様で、貞応《じょうおう》二年（一二二三）四月の淡路国の大田《おおた》文《ぶみ》でも、「王城鎮守諸大明神・当国鎮守十一箇所大明神」と、「王城鎮守」と「国鎮守」がセットになっている表現がみえる。この「王城鎮守」と「国鎮守」については、井上寛司氏や横井靖仁氏（横井　二〇〇四）たちの研究が進められてきており、「二十二社・一宮」と「王城鎮守・国鎮守」は、中世日本の神祇体系の基本としてその相互補完関係の中にとらえることができるものであった。

3　八幡信仰と石清水八幡宮

宇佐から石清水への遷座

新たな平安祭祀制のもとで、中央の王城鎮守とされた神社の一つが石清水八幡宮であった。そして、八幡宮というのは後に武家の台頭もあり地方諸国の多くで鎮守社とされた。ではその八幡宮とは何か、八幡信仰とは何か。八幡信仰の根本創始は九州の豊後の宇佐八幡宮である。それが、平安時代の貞観元年（八五九）に京都の男山の地に勧請されて石清水八幡宮として創建され、その後、鎌倉《かまくら》の現在地に鶴岡八幡宮《つるがおかはちまんぐう》として最終的に勧請され鎮座したのは源　頼朝《みなもとのよりとも》によってであり、それは治承《ちしょう》四年（一一八〇）十月十二日のことであった。

その宇佐八幡宮の創祀の時点から少し情報を整理してみよう。史料情報の少なさから八幡信仰の起源については不明の部分が多いが、それでもこれまでの研究（二宮　一九六二、中野　一九七五）で、一定の程度は明らかになっている。それらの点を整理すれば、以下のとおりである。

宇佐八幡宮の創始

まず、宇佐八幡宮の創祀から東大寺の手向山八幡《たむけやまはちまん》への勧請の段階まで整理してみる。

①宇佐八幡宮の創祀の前段階にあったのは、現在の宇佐八幡宮の東南方向五キロにある大元山《おもとやま》（御許山）に比定される馬城峯《まきのみね》の山頂に鼎立《ていりつ》している三巨石を対象とする磐座《いわくら》祭祀であった。

②その御許山の巨石信仰は、土着の豪族宇佐氏《うさし》が祀っていたものと推定されるが、それに渡来系氏族で宇佐に住みついた辛島氏《からしまし》が祀っていた神と、大和からやってきた大神氏《おおがし》が関与しながら形成されたのが八幡神の信仰である。祭神はまだ応神天皇《おうじんてんのう》や神功皇后などの記紀神話の神々ではなかった。

③文献記録の上で早い例は、『続日本紀《しょくにほんぎ》』の天平九年（七三七）四月一日条の「遣使於伊勢神宮《いせじんぐう》、大神社、筑紫《つくし》住吉《すみよし》・八幡二社及香椎宮《かしいぐう》奉幣、以告新羅无礼之状」の記事である。続いて天平十二年十月九日条には藤原広嗣の乱の鎮定のために下向した大野東人《おおののあずまひと》が、聖武天皇の詔によって反乱鎮圧を祈請している。鎮定後の天平十三年閏三月二十四日条には、「奉八幡神宮《じんぐう》秘錦冠《きんかん》一頭、金字最勝王経《さいしょうおうきょう》、法《ほ》華経《けきょう》各一部、度者《どしゃ》十八人、封戸《ふこ》馬《うま》五疋《ひき》、又令造三重塔《さんじゅうのとう》一区、賽宿禱也」とある。つまり、平城京の宮廷にとって八幡神は鎮護国家の祈禱を行なう神社の内の一つと位置づけられてきていた。

平城京の東大寺に手向山八幡宮

④『続日本紀』の天平勝宝《てんぴょうしょうほう》元年（七四九）十二月二十七日条の詔に、「豊前国宇佐郡《うさぐん》に坐《いま》す広幡《ひろはた》の八幡大神に申し賜へと、勅《の》りたまはく、「神たる我、天神・地祇《ちぎ》を率ゐ、いざなひて必ず成し奉ら

む、事立つにはあらず、銅《あかがね》の湯を水となし、我が身を草木土に交《まじ》へて、障《さわ》る事なくなさむ」と勅《の》り賜ひながら成りぬれば、歓ばしみ貴《とうと》みなも念《おぼ》しめす」とあり、宇佐の八幡大神《やはたのおおかみ》が天神地祇を率いて大仏造立の成就への協力を誓う旨の託宣《たくせん》を下している。宇佐八幡宮と平城京の朝廷との関係がとくに密接なものとなったのは、この聖武太上天皇の時代のことであった。東大寺の建立とともにその守護神として宇佐八幡神が勧請され、手向山八幡宮として祀られたのである。八幡神の勧請の最初である。

⑤称徳女帝の時代、神護景雲《じんごけいうん》三年（七六九）のいわゆる宇佐八幡神託《しんたく》事件は、その父親聖武の時代の宇佐八幡宮への篤い信仰の延長線上にあったものである。

石清水八幡宮の創始

次の段階は、石清水八幡宮の創建からそれ以降である。貞観元年（八五九）と伝えられる宇佐八幡神の京都の男山の地への勧請である。南都《なんと》大安寺《だいあんじ》の僧行教《ぎょうきょう》が貞観五年に書いたという『石清水八幡《いわしみずはちまん》宮護国寺略記《ぐうごこくじりゃっき》』によれば、次のような縁起《えんぎ》が伝えられている。

貞観元年にかねてより念願していた宇佐八幡宮に参籠《さんろう》した南都大安寺の僧、行教は神前で昼は大乗経の転読、夜は真言陀羅尼《しんごんだらに》を熱心に唱えて一夏《いちげ》、四月から六月を過ごした。そうして都へ帰ろうとした七月十五日の夜半、「都の近くに移座し、国家を鎮護せん」という託宣を受けた。その後、行教が平安京に近い山崎《やまざき》のあたりにまで帰ってきた八月二十三日の夜半、「移座すべき処は石清水男山の峯なり、われそこに現れん」と告げられ、驚いて南方に向かい百余遍八幡神を礼拝したところ、山城国巽《たつみ》方の山頂に和《わ》光瑞《こうずい》を垂れること月星のごとく、光照遍《あまね》く満ち輝き、身の毛よだって地に伏したという。翌朝、山頂に登って三か日夜祈誓し、そこに仮殿舎を設けた。そして、清和《せいわ》天皇の朝廷に参内しこのことを奏上したところ、九月十九日に勅使の下向があり、ただちに宝殿の造営が始まって、翌貞観二年に完成し、そして四月三日に遷座したという。

清和朝の勧請遷座

平城京の聖武朝の律令制王権にとって護国神の位置を得ていた宇佐八幡宮に代わって、清和天皇即位と摂政藤原良房という新たな摂関制王権の出発の時点からそれ以降の平安京において、その王城鎮護的な護国神となっていったのが石清水八幡宮であった。

摂関政治期の軍事的な危機の代表例である承平《じょうへい》・天慶《てんぎょう》の乱（九三九〜九四一）や、ずっと後の鎌倉時代の国家的危機の代表例である文永《ぶんえい》・弘安《こうあん》の役《えき》（一二七四・一二八一）などに際して、朝敵降伏や異国降伏の祈禱でその霊験をもっとも期待され、熱心に祈願された。鎌倉後期編纂の『八幡愚童訓《はちまんぐどうきん》』（上巻・垂迹事）では石清水八幡宮を「百王鎮護第二の宗廟《そうびょう》」、つまり伊勢神宮に次ぐ第二の宗廟、天皇家の先祖を神として祀った神社と位置づけている。

祭神の変化

その祭神は、宇佐での創祀の頃とは異なり、石清水では記紀神話が伝える三韓《さんかん》征伐の神話で知られる神功皇后とその皇子の応神天皇へと仮託されてきていた。御許山《おもとやま》の磐座祭祀にはじまった宇佐八幡神の信仰がしだいに陰陽道や仏教とも習合していき、やがて八幡大菩薩と呼ばれるようになり、さらにその八幡大神を神功皇后と応神天皇へと仮託していったのは、石清水への遷座以前の弘仁《こうにん》年間（八一〇〜八二四）から承和年間（八三四〜八四八）の頃ではなかったかと思われる。

弘仁六年（八一五）の宇佐八幡宮神主大神《おおが》清麻呂《きよまろ》解状《げじょう》（「弘仁官符《かんぷ》」）には「件大菩薩、是亦太上天皇御霊也」とあり、この太上天皇とは聖武天皇のことと考えられるが、承和年間と伝える『宇佐八幡宮弥勒寺《みろくじ》縁起』（「承和縁起」）には「右御神者是品太天皇《ほむだのすめらみこと》御霊也」とあり、この品太天皇とは応神天皇のことである。それらの記事からみて、平安前期の九世紀半ば以降のことと推定される。先の鎌倉後期の『八幡愚童訓』も、「右大菩薩は、日本国人王第十六代の応神天皇の霊跡也」「八幡三所と申は、中は第一菩薩、応神天皇、又は誉田の天皇とも申也。右は第二姫大神。左は第三大多羅志女、神功皇后、又は気長足姫尊《おきながたらしひめのみこと》とも申也」と記しており、十三世紀末には八幡神とは応神天皇であるとする考え方が広く普及し定着していた。

平安京の裏鬼門

一方、その男山の社殿の立地からして、平安京の東北方の艮《うしとら》の鬼門《きもん》を守る比叡山延暦寺《ひえいざんえんりゃくじ》に対して、西南方の巽の裏鬼門を守るのが石清水八幡宮であるとされていった。

石清水八幡は平安京を守る王城鎮護の神社として、天皇の行幸や上皇の御幸が円融《えんゆう》天皇（在位九六九〜九八四）を最初として南朝の後村上《ごむらかみ》天皇（在位一三三九〜六八）まで、計二四〇回以上も行なわれたのであった。そのような石清水八幡への信仰は、平安京の宮廷はもちろん広く貴族層にとっても篤いものであった。『大鏡《おおかがみ》』や『古事談《こじだん》』などが記しているように、大勢の貴族たちの参拝の例も多かったが、まだそれは清和源氏《せいわげんじ》の氏神としてではなかった。

清和源氏の氏神へ

その京都の石清水八幡宮や鎌倉の鶴岡八幡宮が、清和源氏の氏神とされていったのにはどのような経緯があったのか、その歴史について要点を整理してみる。

①清和源氏の歴代で武将として注目されるのは、源経基《みなもとのつねもと》（～九六一）の子の源満仲《みなもとのみつなか》（九二〇年代前半～九九七）の時代からであるが、その満仲の時代には石清水八幡宮との関係は見い出せない。

②次の源頼信《みなもとのよりのぶ》（九六八～一〇四八）については、石清水八幡宮蔵の「田中文書」の中に永承《えいしょう》元年（一〇四六）、河内国羽曳野《はびきの》の誉田八幡宮《こんだはちまんぐう》へ納めたという告文があり、その中で八幡大菩薩は応神天皇であり、自分たち清和源氏の二十二代の始祖であるとしている。しかし、この文書は真偽に疑いのあるものであり、史実というよりも伝承を記しているものと考えておいた方がよい。

源頼義・義家父子と八幡神の加護

③次に、十一世紀の前九年の役を描いた『陸奥話記《むつわき》』が記す源頼義《みなもとのよりよし》（九八八～一〇七五）の事績は、八幡神への信仰があったことを伝えている。康平《こうへい》五年（一〇六二）九月十七日、安倍貞任《あべのさだとう》の守る厨川《くりやがわ》の柵《さく》を攻める条で、「将軍馬より下りて、遥かに皇城を拝し誓っていわく、伏して乞ふ、八幡三所、

風を出し火を吹きて彼の柵を焼くことを」「則ち自ら火を把りて神火《しんか》と称して之を投ず。是の時に鳩有り、軍陣の上を翔る。将軍再拝す。暴風忽ち起り、煙焔飛ぶが如し」とある。これと同じ趣旨のことは『扶桑略記《ふそうりやつき》』や『今昔物語集《こんじやくものがたりしゆう》』にも記されており、よく知られた話題であったと考えられる。

④しかし、『陸奥話記』が伝えるのは、むしろ頼義の長男で当時二三歳の義家《よしいえ》（一〇三九〜一一〇六）の事績である。『古今著聞集《ここんちよもんしゆう》』も安倍貞任とのあいだの「衣のたてはほころびにけり」（義家）、「年をへし糸のみだれのくるしさに」（貞任）、という和歌のかけあいのエピソードを記しており、『陸奥話記』にもその武勇をたたえて「夷人号を立てて八幡太郎と曰ふ」とある。義家が八幡太郎と呼ばれていたことは、『古事談』からも知られるところであるが、その出生が父親の頼義が石清水八幡宮に参詣したときの「霊夢之告」によるという伝説は、のちの『十訓抄《じつきんしよう》』『閨中抄《けいちゆうしよう》』や『源平盛衰記《げんぺいじようすいき》』にもみえるものである。

⑤これらはいずれも史実というよりも伝承として記録されたものであるが、後の鎌倉時代の『吾妻鏡《あずまかがみ》』の記述にもみられる伝承であった。『吾妻鏡』の治承四年（一一八〇）十月二十一日条には源頼朝が源氏《げんじ》の祖宗の崇めた鶴岡八幡宮を、あらためて小林郷の北山《きたやま》の地に遷座したと記している。それが現在にまでつながる鎌倉の鶴岡八幡宮である。

社殿・八幡造の特徴

宇佐八幡宮や石清水八幡宮など、八幡造《はちまんづくり》の大きな神社の本殿《ほんでん》には、それなりの特徴がある。それは、

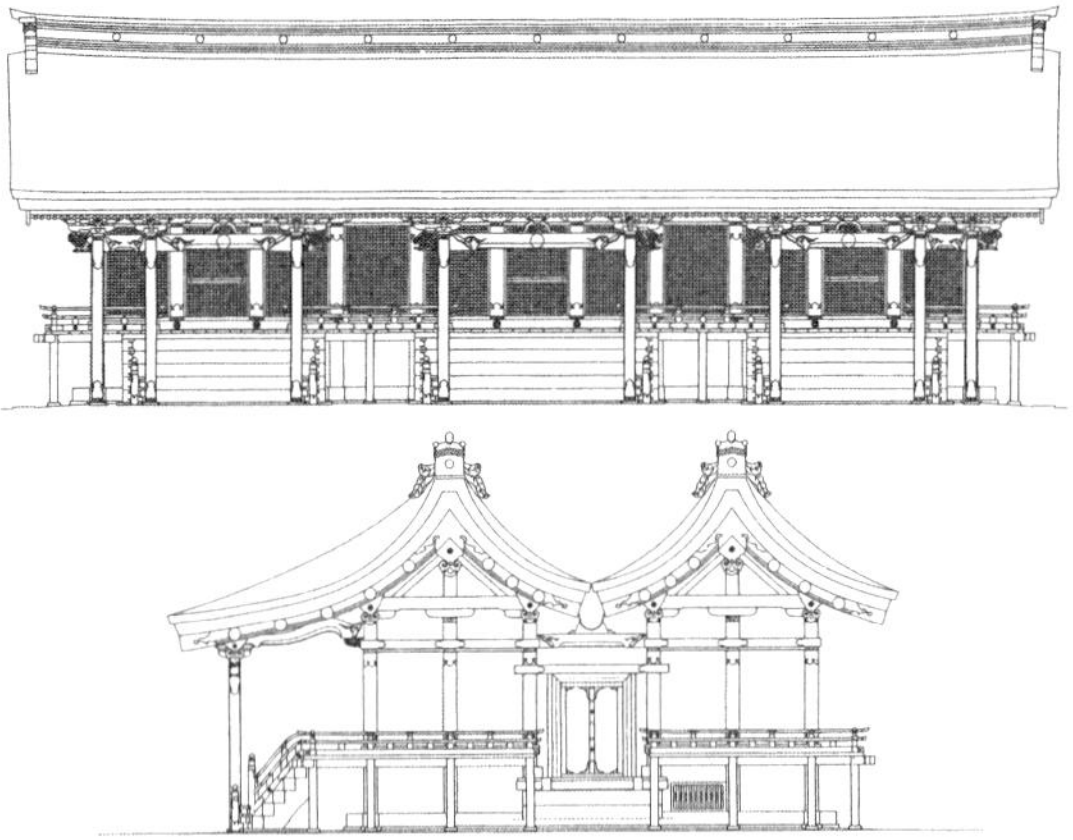

図17　石清水八幡宮本殿（三浦正幸『神社の本殿』吉川弘文館，2013年より）

次の二点である。①八幡三神（応神天皇・神功皇后・比売大神）を祭るため三棟の本殿が横に並んで長い幅で建てられている点、②それぞれ本殿は切妻《きりづま》造平入《づくりひらいり》の三間社の流造《ながれづくり》で、身舎《もや》を二棟、前後に並べて接続したかたちで、側面からみると前後に二つの切妻が連なる形式となっている点、である。

流造というのは、身舎の正面に庇《ひさし》を付けて屋根を長く伸ばして流れたかたちであるが、日本の神社本殿ではもっとも多いのがこの流造で、本殿総数の約六割を占めるといわれている。その流造の本殿がこの石清水八幡宮では前後二棟連なっており、前側の身舎は外院《げいん》、後側の身舎は内院《ないいん》と呼ばれ神の専有空間が二棟ある形式で、それは神の昼間の御座《ござ》と夜間の御座とであろうといわれている。前後二室になる本殿形式は、他にも大阪の住吉大社が同様であり、三浦正幸氏によれば、古代の宮殿の間取りに倣ったもので、平安時代初期の九世紀以前に成立した古い本殿形式であるという。その前後の身舎の間は相《あい》の間《ま》といい、その上部は屋根の谷下《たにした》となっていて雨水を受ける雨樋《あまどい》が渡されている。石清水八幡宮の金銅樋は黄金色に輝く立派なもので全長二一・六㍍、内径五四㌢の巨大なものであるが、天正《てんしょう》年間に織田信長《おだのぶなが》が寄進したものといわれている。二十二社に指定された石清水八幡宮の場合は、本殿の巨大化もその特徴の一つであった。八幡三神をまつるための三棟の八幡造本殿を横方向に連結して棟を通したもので、横に長い十一間社となっている。

また、参詣者の前にあらわれる正面の壮大な本殿楼門《ろうもん》は、高い石造りの基壇《きだん》の上に建っており、本殿はその四周に回廊《かいろう》がめぐらされている。寛永《かんえい》十一年（一六三四）、徳川家光《とくがわいえみつ》の造営によるものであり、春日社の場合もそうであったが、大きな楼門も回廊も寺院建築の建造物であり、ここにも神仏習合の表象をみてとれる。

八幡宮の祭祀・放生会

日本の古くからの神社の祭礼といえば、春の祈年祭《きねんさい》、秋の新嘗祭《にいなめさい》という稲作の豊穣祈願と収穫感謝という、春秋の祭りの循環が基本である。しかし、この石清水八幡宮のもっとも主要な祭礼は、伝統的に旧暦八月十五日、新暦では九月十五日の「石清水放生会《いわしみずほうじょうえ》」であった。

八幡大菩薩といわれるように、八幡神は仏教の仏でもあり、同時に日本の神祇祭祀の中の神でもあり、神仏習合の典型的な神である。反逆者を追討し殺害して天皇と朝廷を鎮護する霊験あらたかな神社であると同時に、仏教の教義にもとづく不殺生の教えを中心とする神社でもあった。したがって、魚類や鳥類や獣類などの生き物を放ち、先祖や死者の霊の供養をする放生会が石清水八幡宮のもっとも重要な祭礼とされてきているのである。歴史的な紆余曲折があり、室町期から約二〇〇年の中断はあったが、江戸時代の延宝《えんぽう》年間（一六七九年頃）に再興され、現在も石清水祭《いわしみずさい》として伝承されている。

九月十五日深夜午前二時、本殿で三座の神霊を御鳳輦《ごほうれん》に移し、松明《たいまつ》の明かりで照らす暗闇の中、下山して麓《ふもと》の頓宮殿《とんぐうでん》に入御し神饌《しんせん》や幣物《へいもつ》が供えられる。翌朝八時、頓宮殿の東の放生川で魚鳥を放つ行事があり、夕刻には本殿に還御《かんぎょ》する。

4　祇園社の歴史と祇園祭

祇園御霊会

祇園社の歴史は同時代記録が少ないこともあり、不明の部分が多い。確実な史料的初見は、藤原忠平《ふじわらのただひら》による『貞信公記《ていしんこうき》』の延喜二十年（九二〇）閏六月二十三日条で、忠平が咳病の治癒を祈願して幣帛と走馬とを祇園社に奉納したという記事である。

祇園御霊会《ぎおんごりょうえ》の起源については、後世の記録だが、社伝の『祇園社本縁録』によれば、貞観十一年（八六九）天下に大疫が流行したため、卜部日良麻呂《うらべのひらまろ》という人物が六六本の矛《ほこ》を建て並べて、洛中の男児や郊外の百姓を率いて神泉苑《しんせんえん》まで神輿を担いで行進して祭ったのが最初だという。また、祇園社の創建については、鎌倉末成立の社伝の『社家条々記録』によれば、同じく貞観十八年に南都興福寺《こうふくじ》の円如上人《えんにょしょうにん》が建立したのがその始めだという。また、ずっとのちの室町時代の卜部兼倶《うらべのかねとも》の編纂になる『二十二社註式』（一四六九年成立）によれば、祇園御霊会が毎年六月に疫病《えきびょう》退散を願って行なわれる恒例の行事となったのは天禄《てんろく》元年（九七〇）以降であるという。しかし、『貞信公記』以外はいずれも後世の編纂物の語るところであり、史実というより伝承と理解しておくのがよい。

図 18　祇園八坂神社の本殿と舞殿

祇園社は、たしかに御霊信仰と関係が深い神社である。しかし、御霊を祭る神社ではない。御霊が疫神《えきじん》とともに起こすおそろしい疫病や災厄から人びとを守る神を祀る神社である。疫神信仰と結びついた御霊会は、境界祭祀の特徴をもち、京の洛中に疫神が侵入しないようにと、洛外の境界地点で行なわれるのが常であった。

貞観五年（八六三）の神泉苑の御霊会の場合は洛中であったが、それを嚆矢としてその後も平安京では御霊会がさかんに行なわれ、祇園以外でも、紫野《むらさきの》、船岡《ふなおか》、衣笠《きぬがさ》、花園《はなぞの》などで行なわれた。それらはいずれも洛中洛外《らくちゅうらくがい》の境界的な祭場であり、そこで、疫神を饗応して祀り、河原から河川に送り祓え遣《や》ろうとしたものであった。とくに疫病の流行の激しかった正暦《しょうりゃく》五年（九九四）六月二十七日の船岡の御霊会は盛大なものであった。『日本紀略』によれば、疫神を祀って慰め鎮めて難波《なにわ》の海へと流し送ったという。祇園社もそのような洛外の、しかも禊祓儀礼に最適な鴨川《かもがわ》の近くに鎮座して御霊会の中心的な神社となっていった。そして、その祇園祭礼が平安京の年中行事となっていったのである。

それらの中でも、とくに祇園社が霊験あらたかと考えられたのは、疫病や死をもたらす恐るべき御霊や疫神に対して、慰撫《いぶ》して饗応するというのではなく、それよりもはるかに強力な霊験力をもって、疫神や御霊を吸収し滅却し攘却する威力をもつ神を祀る神社だと考えられたからである。では、その祇園社の祭神とは何か、どのような神であるか、史料に沿って追跡してみよう。

祇園天神から牛頭天王へ

祇園社の祭神は何か、どんな神なのか、それは実はなかなか複雑である。

『日本紀略』の延長《えんちょう》四年（九二六）六月二十六日条では、疫病の流行により一人の修行僧が祇園天神堂を建立して供養が行なわれたといい、藤原通憲《ふじわらのみちのり》（一一〇六～五九）の『本朝世紀《ほんちょうせいき》』の天慶《てんぎょう》五年（九四二）六月二十一日条には、主上不快のため祇《ぎ》園寺《おんじ》感神院《かんじんいん》に奉幣と祈禱が行なわれたという。『類聚符《るいじゅふ》宣抄《せんしょう》』の天徳《てんとく》二年（九五八）五月十七日条にも祇園天神堂とあり、『日本紀略』の永祚《えいそ》元年（九八九）八月十三日条にも、暴風雨で祇園天神堂が顚倒したと記されている。『本朝世紀』の長保《ちょうほ》元年（九九九）六月十四日条にも祇園天神会とあり、それが祇園御霊会という呼称になるのは長和《ちょうわ》二年（一〇一三）以降である。『扶桑略記』（一〇九四〜一一〇七年頃成立）の延久《えんきゅう》二年（一〇七〇）十月十四日条の祇園感神院の火災の記事にも十一月十八日条でも祇園天神とあり、十月十四日の火災のとき天神の御体はぶじ取り出すことができたといい、十一月一八日には八王子《はちおうじ》四体、蛇毒気神《だどくけのかみ》、大将軍《だいしょうぐん》の安否を検分すること、天神は新造《しんぞう》の神殿に遷座したという。

つまり、十世紀から十一世紀にかけては、祇園社の祭神は祇園天神と呼ばれていたことがわかる。それが、延久二年の祇園感神院の火災についての『扶桑略記』の記事では祇園天神とあるのに対して、『本朝世紀』の記事では牛頭天王《ごずてんのう》と記されている。そして、院政期の橘忠兼《たちばなのただかね》編『伊呂波字類抄《いろはじるいしょう》』（一一四四〜六五年頃に補訂）では、祇園社の祭神は牛頭天王であり、またの名は武塔天神《むとうてんじん》だと記されている。その後、治承年間（一一八〇年頃）に編纂された『梁塵秘抄《りょうじんひしょう》』によれば、「大梵天王《だいぼんてんおう》は中《なか》の間《ま》にこそ、おはしませ、少将井《しょうしょうい》、波利女《はりめ》の御前は、西の間にこそ、おはしませ」と歌われている。しかし、鎌倉初期成立の『年中行事秘抄《ねんじゅうぎょうじひしょう》』ではまだ感神院天神と記されている。そして、ずっとのちの一二七〇、八〇年頃の編纂と推定される卜部兼方《うらべのかねかた》の『釈日本紀《しゃくにほんぎ》』になると、祇園社の三社《さんじゃ》の神について、武塔天神は素戔嗚尊《すさのおのみこと》、少将井は本御前と称する奇稲田《くしいなだ》姫《ひめ》、そして今御前と号する南海の神の女子、と記されている。

つまり、祇園社の祭神は次のような変化があったということができる。①平安時代の延長四年（九二六）頃から延久二年（一〇七〇）頃までは祇園天神であったが、延久二年頃からは牛頭天王へと変わ

図19　辟邪絵

天刑星とそれに喰われる疫神のころの牛頭天王
（奈良国立博物館所蔵）

った、②一一四四～六五年頃には牛頭天王はまたの名を武塔天神といった、③一一八〇年頃には大梵天王とも考えられていた、④鎌倉時代後期の一二七〇～八〇年頃になると武塔天神が素戔嗚尊であるとみなされるようになった、ということである。

天刑星と牛頭天王

では、その牛頭天王とは何か、どんな神なのか。その由来を語るのは、平安時代末期十二世紀後半の「辟邪絵《へきじゃえ》」に登場する牛頭天王である（小林　一九四六）。

疫鬼を懲らしめ退散させ退治する善神《ぜんしん》を描いた絵で、その中には後世に広く流通する神々、たとえば鍾馗《しょうき》、それは唐《とう》の玄宗《げんそう》を悪鬼から守ったという伝説があり、疫病から人びとを守るとされた神である、また、法華経の守護神ともされる毘沙門《びしゃもん》天《てん》王、などが描かれている。その中に疫鬼を退治する代表的な神として描かれているのが、天刑星《てんぎょうせい》である。この天刑星とは『晋書《しんじょ》』天文志にもみえる歳星《さいせい》（木星）所生の七星の一つで、天の刑罰を与える陰陽道の鬼神《きしん》であり、日本では真言密教と習合して、密教僧の疫病に対する祈禱法として、また呪符としても活用されていった神である。「辟邪絵」ではその恐ろしい姿の画像とともに、詞書には次のように書かれている。

かみに天刑星となづくるほしまします牛頭天王およびその部類ならびにもろもろの疫鬼をとりて酢《す》にさしてこれを食とす

ここで注目されるのは、牛頭天王とはその天刑星によって喰われてしまう疫鬼の代表例とされていることである。その恐ろしくおぞましい疫鬼の代表であった牛頭天王が、その後まもなく逆転の変身を遂げて、畏敬される祇園社の祭神に、つまりあらゆる疫病や疫鬼を退治して人びとを守る強力な威力ある神へと変わっていったのである。もともと疫神であればこそ、逆にいくら恐ろしい疫鬼や疫神であってもそれを吸収し圧倒して攘却する威力をもつ神としての信仰を集めていったのである。

牛頭天王と素戔嗚尊

この時点ではまだ、牛頭天王は『日本書紀《にほんしょき》』の素戔嗚尊とは関係はなかった。その両者を習合させていったのは、のちの十三世紀末の卜部兼方の『釈日本紀』である。

『日本書紀』の神代上の第七段の第三の一書で、伊弉諾命《いざなぎのみこと》によって追放された素戔嗚尊が神々に宿を乞おうとしたとき、「お前は自分の行ないが悪くて追放されたのに、どうしてわれわれに宿を乞うのか」と、宿を貸してもらえなかった場面があるが、その場面の注釈に当たって、兼方は「備後《びんご》国風《ふ》土記《どき》に曰く」として武塔神に宿を貸してくれた貧しい兄の蘇民将来《そみんしょうらい》の話と、拒否した裕福な弟の将来の話と、その話題の一部の類似をもって、独自の注釈を施したのである。その中で、もとの『備後国風土記』の文章にはなかったと考えられる部分、つまり、武塔神が自分は速須佐之雄《はやすさのお》の神であると名乗る部分がそれであるが、それを新たに追加して、さらに「これ則ち祇園社本縁なり」という父親の卜部兼文《うらべのかねふみ》の解説を紹介している。

牛頭天王とされていた祇園社の祭神の解説に当たって、『日本書紀』の素戔嗚尊の記事と、『備後国風土記』が記す陰陽道系の蘇民将来と武塔神の記事とを、そこに持ち込むことによって、まったく新しい解釈を卜部兼方が示していったのである。

『簠簋内伝』

そこからさらに、十四世紀末以前の成立と推定される陰陽道の書、『簠簋内伝《ほきないでん》』巻一では、祇園社の本縁にもとづくという牛頭天王の縁起譚が記されてくる。そこでは、北天竺の魔訶陀国《まがだこく》の霊鷲山《りょうじゅせん》の艮《うしとら》、波尸那城《はしなじょう》の西、吉祥天《きっしょうてん》の源、王舎城《おうしゃじょう》の大王を商貴帝といい、今は娑婆世界に下生《げしょう》して牛頭天王というが、かつては天刑星と号して帝釈天《たいしゃくてん》に仕え、善現天《ぜんげんてん》に居住し諸星の探題《たんだい》をつとめていたという。その牛頭天王は、夜叉《やしゃ》のような容貌なので后宮はなかったが、朝政を怠らなかったので国土は豊穣であった。南海の娑竭羅龍王《しゃかつらりゅうおう》の第三女の頗梨采女《はりさいじょ》を娶るために南海に旅立ち、その旅の途中で鬼王の巨《こ》旦大王《たんだいおう》に宿を断られたが、巨旦の奴婢で貧賤な蘇民に粟米でもてなしてもらい、南海の龍宮城に着いた天王は頗梨采女と結ばれて八人の王子を儲けた。その後、天王と八人の王子は巨旦を滅ぼし、蘇民将来に二六の秘文を授けた、という。

つまり、牛頭天王は、はじめ十二世紀後半の「辟邪絵」の頃には陰陽道系の疫神であったのが、十四世紀後半の『簠簋内伝』や『神道集《しんとうしゅう》』の段階では、仏教的な守護神となり、薬師如来や十一面観音《じゅういちめんかんのん》を本地とする垂迹神《すいじゃくしん》としての牛頭天王へと変身してきていたのである。仏菩薩の応迹示現《おうじゃくじげん》の神道、衆生養護の神道の神としての祇園大明神へと牛頭天王は位置づけられていったのである。

『二十二社註式』

その後、室町時代になると祇園社の牛頭天王をめぐる縁起にもう一つの新しい解説が加えられてくる。それが文明元年（一四六九）に卜部兼倶が撰述した『二十二社註式』の説く縁起譚である。

牛頭天王は、もとインドの祇園精舎《ぎおんしょうじゃ》の守護神であったのが、朝鮮半島の牛頭山に移り、その後、播《は》磨《り ま》国の明石《あかし》浦に垂迹して、その地の広峯社《ひろみねしゃ》に祭られ、それから京都の北白川《きたしらかわ》の東光寺《とうこうじ》へ、そして、祇園社へ鎮座したという縁起譚である。また、素戔嗚尊との関係では、『日本書紀』の神代上第八段一書第四には、素戔嗚尊がその子の五十《い》猛神《そたけるのみこと》を連れて新羅《しらぎ》国に降臨したのち、東方の出雲国に向かったという伝承もあり、また欽明天皇《きんめいてんのう》十三年（五五二）条には、新羅が百済を攻めて漢城に入ったとき牛頭方と尼彌《にみ》方という地名の場所を居所としたという記事とを結びつけた縁起譚もある。

現在流布している祇園社や牛頭天王についての縁起譚は、以上のような伝承と変遷の歴史を経てきているものであり、第一に、鎌倉時代十三世紀末の卜部兼方の『釈日本紀』による新しい解釈、第二に、十四世紀末の『簠簋内伝』や『神道集』によるさらに新しい解釈、第三に、室町時代十五世紀後半の卜部兼倶の『二十二社註式』によるまったく新しい解説、という新たな解釈の重層によって形成されたものであり、時代ごとに次々と新解釈の上書き保存が続けられ、繰り返されてきたものなのである。だから、何が正しいのかという疑問はあまり意味がなく、歴史とはこのような解釈の積み重ねの過去をもつものであるという理解が、現実的なものとして意味があるのである。

祇園祭とその変遷

祇園社の祭神についてもこのように時代ごとの変遷があったのだが、祇園御霊会にはじまる祇園祭の方にも、時代ごとのさまざまな変遷があった。

現在では祇園祭といえば、長刀鉾《なぎなたほこ》を先頭に中京と下京の山鉾町が繰り出す三十数基の山鉾が四条通から河原町通を巡行する山鉾巡行が観光客の注目を集めているが、もともとは祇園社から担ぎ出される三基の神輿の渡御が中心であった。平安末期十二世紀末に後白河法皇が描かせたといわれる「年《ねん》中行事絵巻《じゅうぎょうじえまき》」には三基の神輿とともに、鉾を持つ人々の行進が描かれている。現在も祭神の牛頭天王（素戔嗚尊）、波利女（櫛稲田姫命）、八王子（八柱御子神《やはしらのみこがみ》）の三基の神輿が、鴨川を渡って四条寺町《しじょうてらまち》東入る南側の御旅所《おたびしょ》に渡御して、祭りの期間中そこに遷座して人びとの参拝をうけている。

山鉾巡行

早くには『本朝世紀』の長保元年（九九九）六月十四日の記事に、その前年の祇園祭で大嘗会《だいじょうえ》の標《しめ》山《やま》に似せた柱の作り物が構えられたと書かれているが、現在のような山鉾の巡行がみられるようになるのは、十四世紀後半の南北朝期以降のことである。

中原師守《なかはらもろもり》の日記『師守記《もろもりき》』には祇園祭の記事が多くみられるが、その貞治《じょうじ》三年（一三六四）六月七日条に、「今日祇園の御輿迎例の如し、鉾以下冷然、久世《くせ》舞《まい》車これ有り、云々、作山風流これ無し」とあり、当時流行していた曲舞《くせまい》を演じる車舞台が登場していることがわかる。その後、稚児《ちご》が曲舞を演じる様子も「模本月次風俗図屛風」（東京国立博物館蔵）などに描かれており、現在の山鉾の舞台の上の人形は、もとは人間が演じていたものの名残りであることがわかる。

中原康富《なかはらやすとみ》の日記『康富記《やすとみき》』には応永《おうえい》二十九年（一四二二）六月十四日条の記事に「桙山船已下風流を尽くす」とあり、多くの山鉾には豪華な装飾が施されていたことがわかる。そして、当時すでに船鉾が出ていたこともわかる。同じ室町時代の屛風「祇園社大政所《おおまんどころ》絵図」には、市中の御旅所に向かう三基の神輿が中心に描かれているが、同じく長刀鉾など山鉾巡行の様子も描かれており、すでに祇園社の神輿の渡御と町衆の山鉾巡行とがコラボしていた様子が知られる。

その後、応仁《おうにん》の乱（一四六七〜七七）で祇園祭は一時中断するが、明応《めいおう》九年（一五〇〇）の復興後は、幕府の意向と下京町衆の努力と財力を傾注して、南蛮文化の流入とともにますます豪華絢爛たる装飾に贅《ぜい》を凝らすようになっていった。

社叢の遷移

現在の八坂神社の朱塗柱の西楼門を、四条通からみると、その背景に緑色のクスノキやアラカシなど常緑広葉樹が繁茂していてきれいである。しかし、八坂神社所蔵の明治初年の写真をみると、そこには松の木が生えており、クスノキなどの広葉樹はない。神社の森といえば、悠久の昔から人間の手が入っていない厳粛な原生林のように考えがちだが、それは事実とはちがう。神社の森も確実に植生の遷移《せんい》をたどっているということ、また、人間の手が入っているということが、小椋純一氏の研究から明らかになってきている（小椋　一九九二・一九九六他）。

小椋氏によれば、平安神宮《へいあんじんぐう》も北野天満宮も同様で、京都一帯の神社は明治以降みんな松が枯れてクスノキやシイやカシなどの常緑広葉樹が有力な植生へと変化してきているという。江戸時代の文献によれば祇園社といえばきれいな松林ということで知られていた。京都国立博物館蔵「祇園祭礼図屏風」は江戸初期の寛永期の成立だが、美しい松並木が描かれている。なぜ明治になり、大正、昭和を経るうちに松は枯れ、クスノキやアラカシなどの樹林へと遷移してしまったのか。それは明治以降、神社は国家神道の体制の中に入っていき、神聖な場所だからむやみに境内の樹木を伐採してはいけないという法令が出されていったからという可能性がある。多くの神社で境内の植生に手を入れなくなり、樹木を伐らなくなった。すると、落葉や下草がたまる、それにつれて昆虫類もふえ、雑菌もたまる。そんな栄養の豊かな土地には松は適さず枯れてしまう。松は砂浜の海岸などむしろ栄養分がない土地に適している。その一方、クスノキなどが神社にふさわしいとして植林されると、クスノキは病気にも虫害にも強い生命力をもち、成長も早いのでどんどん伸びていく。それが繁茂すると、常緑の広葉樹だから他の植生を圧迫する。一年中、太陽光線を遮ってしまうから、ますます他の樹木を圧倒して繁茂する、という遷移が考えられるというのである。

鎮守の森は人間の適切な手を入れなければ荒れてしまい、害虫や雑菌の巣窟になりかねない。だから近世以前は適切な手入れや植林などが続けられ、守られてきたのであった。現在ではもちろん祇園八坂神社でも他の神社でもこの点への再注目から境内の植生は管理され、十分に美観も整えられてきており、多くの参拝者でにぎわっている。

祇園社の大杉

鎌倉最末期の元徳《げんとく》三年（一三三一）に描かれた八坂神社蔵「祇園社絵図」に描かれている祇園社の境内には、クスノキなどの常緑広葉樹はまったくなく針葉樹の松もない。花をつけた落葉広葉樹が大部分を占めている。その中でとくに注意されるのは、社殿の後ろの三本の杉の大木である。後白河法皇の編になる『梁塵秘抄』（一一八〇年頃）の歌には、「祇園精舎のうしろには、世も世も知られぬ杉立てり、昔より、山の根なれば生いたるか杉、神のしるしと見せんとて」とある。このように平安末期には祇園社といえば、杉の大木が有名だったのである。その樹齢が仮に四〇〇年近くあったとすれば、延暦十三年（七九四）の平安京遷都の頃にはすでに若木《わかぎ》として自生していた可能性がある。まさ

図 20　明治初年の八坂神社西門

図 21　「祇園社絵図」部分（八坂神社所蔵）

に「昔より、山の根なれば生いたるか杉」と歌われているとおりである。『貞信公記』の延喜二十年（九二〇）閏六月二十三日条で、藤原忠平が咳病の治癒を祈願して幣帛と走馬を祇園社に奉納したという頃にはもちろんその杉の大木は存在したものと考えられる。そして、その杉の大木は祇園社の歴史とともにその樹齢を南北朝期にも重ねてきていたといってよい。

図 22 「洛中洛外図屏風」部分（歴博甲本，国立歴史民俗博物館所蔵）

　しかし、さすがに室町時代前半には残念ながら枯れてしまったようで、大永《だいえい》五年（一五二五）から享禄《きょうろく》四年（一五三一）の間に描かれた「洛中洛外図《らくちゅうらくがいず》屏風」（歴博甲本）にはもう描かれていない。しかし、その屏風の祇園社の部分をよく注意してみると、巫女《みこ》が参拝者に杉の小枝らしきものを手渡している光景が描かれている。そして、近世の『京童《きょうわらんべ》』という観光案内図のような地誌には、「いま神前にて杉の葉とちいさき札をうけ」と書かれており、また近年、山鉾町のひとつである芦刈山《あしかりやま》に伝存されてきた御神体人形《ごしんたいにんぎょう》、これは天文六年（一五三七）の七条仏師康運《こううん》の作になるものだが、その頭部から見つかっ

図23　芦刈山ご神体
（公益財団法人芦刈山保存会所蔵）

図24　杉の葉（八坂神社所蔵）

た蘇民将来の札にも杉の葉が結び付けられていた。つまり、あの杉の大木が朽ち果ててのちにも、杉の小枝が祇園社のお守りとして伝えられていたのである。きれいな松並木が印象的となっていた近世の祇園社にあっても、古代中世の杉の神木の記憶はお守りの小枝というかたちでながく伝えられていたのである。

もちろん、杉といえば伏見稲荷大社もそうだし、三輪明神《みわみようじん》の関係では杉玉をかける造り酒屋の例もあるように、杉が祇園八坂神社だけに固有ということではない。しかし、祇園社の場合、あの『梁塵秘抄』に歌われ、「祇園社絵図」にも描かれた杉の大木の記憶が、近世になってもまだ長く伝えられており、それが近代になって明治政府の神仏分離政策の中で途絶えてしまったということなのである。

第4章　荘園鎮守社と氏神

――隅田八幡神社の歴史と祭祀の変化――

1　隅田荘の成立と神社

日本の各地にはさまざまな神社があるが、その具体的な郷村における神社の事例について、あらためて史実を通してその歴史的な展開を追跡してみると、新しい発見がある。たとえば、はじめは古代の平安時代に荘園領主によって荘園鎮守社として創建された神社が、中世の鎌倉時代になる頃には荘園の現地経営に当たっていた在地武士たちにとっての氏神となり、さらに近世の幕藩体制下には、その村落社会を構成していた住民にとっての氏神へとなり、それが現在へと至っている、という神社の変遷史が浮かび上がってくる。

現在の和歌山県橋本市隅田町に鎮座する隅田《すだ》八幡神社《はちまんじんじゃ》と隅田荘《すだのしょう》の歴史からそれをみてみよう。

豊富な研究蓄積と史料検証の必要性

この隅田荘と在地の武士団の隅田党《すだとう》についての歴史研究の蓄積はこれまでにひじょうに豊富である（奥田　一九八〇、佐藤　一九三八、舟越　一九三八、遠山　一九三八、我妻　一九五九、豊田　一九八三、佐藤　一九六八、増山　一九七〇・一九七六、井上　一九七三、高村　一九七六、埴岡　一九八一）。筆者も一九九二年度から九三年度に実施された国立歴史民俗博物館の共同研究に参加して、その地域の社寺や旧家に伝蔵されている古文書の現物調査に当たったことがある（新谷　一九九六・二〇一七）。ここではその時に情報整理した古文書類のほか、『和歌山県史』（中世史料一）収録の「隅田家文書」、「葛原家文書」、「隅田八幡宮文書」などを活用する。

調査時に痛感したのは、従来の歴史研究が主要な史料としてきた古文書の多くが近世の写しであり、そこに記されている中世の年号の時代に相当する内容とは思えないような史料も多いということであった。それは共同研究に参加していた歴史学の専門家も痛感されたようで、中世史研究の久留島典子氏の論文ではその点が詳述され、史料批判をふまえた上での貴重な見解が示されている（久留島　一九九六）。

隅田荘の成立と荘園支配

隅田荘という荘園の成立は、延久《えんきゅう》四年（一〇七二）九月の太政官牒《ちょう》（『平安遺文《へいあんいぶん》』三―一〇八三、「石清水田中家文書」）によれば、平安時代中期の寛和《かんな》二年（九八六）に大入道相国《しょうこく》（藤原兼家《ふじわらのかねいえ》）が外孫一条《いちじょう》天皇の御願による三昧堂《さんまいどう》を石清《いわし》水八幡宮《みずはちまんぐう》に建立し、その御料所としてこの荘園を石清水八幡宮へ寄進したことによる。

石清水八幡宮の荘園の支配は、現地に本社の別宮《べつぐう》を勧請《かんじょう》し創建して、そこを拠点として行なうものであった。その別宮が現在の隅田八幡神社につながる。石清水八幡宮の三綱《さんごう》（上座《じょうざ》・寺主《じしゅ》・都維那《ついな》）の職にある僧が、荘園の預所職《あずかりどころしき》に補任《ぶにん》されて現地に赴き、別宮の政所の長官を兼帯して、荘園の経営と支配に当たった。その下で実力を蓄えて成長してきたのが、後に隅田党と呼ばれる武士団の祖と伝えられた藤原忠延《ふじわらただのぶ》であった。藤原忠延は、長治《ちょうじ》二年（一一〇五）に隅田八幡宮の若宮の宝殿造営の功により隅田八幡宮の俗別当《ぞくべっとう》に補任されて（「隅田八幡宮俗別当職補任状案」葛原文書一）、祭祀の中心的な担い手となり、天永《てんえい》二年（一一一一）には隅田荘の公文職《くもんしき》にも補任されて（「隅田荘公文職補任状案」隅田家文書二〇）、荘務を支配する立場となって、聖俗の「両職」を兼帯してその子孫がそれを代々相伝《そうでん》したという。しかし、この藤原忠延について記す古文書は疑義のあるものであり、他に確証もなく、あくまでも伝説上の人物である。

ただ、その忠延の子の藤原忠村《ただむら》については実在が認められる。忠村も隅田八幡宮の俗別当職と隅田荘の公文職の両職を兼帯しており、現地の隅田荘経営における実質的な中心人物であった。その公文職の藤原氏の周辺では、たとえば保延《ほうえん》五年（一一三九）七月十八日付の「鳥羽上皇院庁下文案」（『平安遺文』五―二四一一）に「可停止為石清水宮寺被押妨相賀庄東境牓示内并称神人駈仕庄民等事」とあるように、隅田荘の荘民は、石清水八幡宮の神人としても組織化されていたことが注目される。隅田荘の荘民は石清水八幡宮の神人であるとともに、その別宮の隅田八幡宮の神人でもあるとされて、周辺の農民たちよりも優位な立場を主張できたのである。そして、隅田八幡宮は、信仰の対象としての神社であるとともに、荘園支配の世俗的かつ精神的な支柱としての機能も果たしていたのである。

領主として成長する隅田氏

鎌倉時代の武家政権の時代には、在地領主として成長する藤原氏のありかたがわかる。藤原氏が在地名の隅田氏を名乗るようになり、その一族が実力を蓄えた領主としての展開を示すようになる。

宝治《ほうじ》元年（一二四七）、鎌倉では執権の北条時頼《ほうじょうときより》によって三浦《みうら》氏が討伐された。それまで紀伊《きい》国守護は三浦氏であったが、北条《ほうじょう》氏一門が紀伊国守護となり（熱田　一九八五）、その北条氏の一族の重時《しげとき》流が隅田荘の地頭職となる。

『吾妻鏡《あずまかがみ》』の建長《けんちょう》六年（一二五四）十月六日の記事には、この日執権北条時頼の妻、重時の娘が女子を産み、安産祈願の験者のための禄《ろく》が送られたとき、北条重時の使者として隅田次郎左衛門尉の名がみえる。井上寛司氏によれば、北条重時が六波羅《ろくはら》探題《たんだい》として京都に赴任（一二三〇～四七）していたときに、隅田氏との関係が結ばれたと考えられるという。

その後、北条氏一門の重時流の被官として隅田荘地頭代《じとうだい》となった隅田氏であったが、その後、鎌倉幕府が滅亡に向かう元弘《げんこう》・建武《けんむ》の戦乱に際しては、多くの隅田一族が奮戦しそして滅んでいったことが『太平記《たいへいき》』に記されている。

本宗家の滅亡と隅田一族の結衆

元弘三年（一三三三）五月の六波羅探題の北条仲時《ほうじょうなかとき》主従四三〇人余が近江《おうみ》の番場《ばんば》で自害して果てたとき、隅田源七左衛門も自害した。その番場の「過去帳《かこちょう》」には、隅田左衛門尉時親以下、一一名の自害が記されている。しかし、隅田一族の中には新しい時代へと生き延びた者たちもあった。

そして、隅田一族の中の葛原《かつらはら》氏が中心となって隅田一族の衆中の連帯のもとで在地経営が行なわれることとなった。新たに進出してきた政所一族《まんどころいちぞく》もそれに加わり、ともに隅田一族の衆中を形成していった。その彼らの連帯の精神的紐帯として機能したのが、隅田八幡宮でありその祭祀であった。

隅田八幡宮は、隅田荘の荘園鎮守社であるとともに、隅田一族の衆中が祭る氏神としての神社へと位置づけられていった。石清水八幡宮の別宮として勧請され、隅田荘の荘園鎮守社として祭祀されていた段階から、新たな隅田一族の氏神として崇敬祭祀される段階へと展開したのである。

2　村々の氏神への変化

隅田党武士の氏神

隅田八幡宮の主要な祭礼行事としては、毎年正月一日の御朝拝《ごちょうはい》と、八月十五日の放生会《ほうじょうえ》との二つがあった。御朝拝の頭人《とうにん》の差定《さじょう》を記録した文書（「葛原文書」九―一七）によれば、頭役《とうやく》は「庁座《ちょうざ》」の四つの座席、つまり西座南、西座北、東座南、東座北にそれぞれ対応して四人の頭人が選ばれ奉仕しており、隅田一族の者がその頭人の役をつとめていた。その「庁座」に奉仕する資格はもともと隅田氏が世襲してきた俗別当職の系譜を引くものであった。鎌倉期の「葛原文書」一八（正安二年《ママ》）（正応《しょうおう》二年〈一二八九〉）の朝拝頭役《ちょうはいとうやく》日記と室町期の同六九（応永《おうえい》二十三年〈一四一六〉）の隅田八幡宮朝拝入目《いりめ》日記によると、頭人は御榊差し《おんさかきざし》の役をつとめること、御供の米、御酒《みき》、御布施の米や銭《ぜに》、御餅、魚、御《ご》幣《へい》の紙、浄衣《じょうえ》の布、立烏帽子《たてえぼし》、湯帷子《ゆかたびら》、楽師《がくし》や神楽《かぐら》の費用などさまざまな入用が必要であったこと、がわかる。隅田八幡宮の祭祀の中でもこの毎年正月一日の御朝拝はもっとも重要なものであった。

もう一つの放生会は、京都の石清水八幡宮でも重要な神事祭礼であり、その別宮としての隅田八幡宮でもやはり重要な神事祭礼であった。その頭人の差定を記録した文書（「葛原文書」三一・三二・三四）によれば、元亨《げんこう》三年（一三二三）の文書では隅田八幡宮でも、勅祭《ちょくさい》であった京都の石清水八幡宮の放生会にならって、御供頭《ごくのとう》・饗頭《あえのとう》・猿楽頭《さるがくのとう》・相撲頭《すもうのとう》・伶人頭《れいじんのとう》などの頭人が任じられ、流鏑馬《やぶさめ》も行なわれていたことがわかる。頭役の者の名前をみると、新二郎子息など少年や幼児が多く任ぜられており、舞童も同様に幼児がつとめる役とされていた。ただし、御供頭と饗頭は隅田一族の成員がつとめており、それがひじょうに重要な役であったことは、「葛原文書」三五の「某書状案（後欠）」の記事からわかる。その文書からは、以下のような事柄もわかる。①隅田八幡宮の放生会の頭人の役は、隅田一族の成員にとっては鎌倉から帰郷してでもつとめるべき重要な役であった。②放生会の頭人の役をつとめるには、八月十五日に先立って三月三日から精進《しょうじん》をして準備する必要があった。③隅田一族の本人に支障ある場合には、代官を立ててつとめてもらうこともありえた。

「庄中」一六ヵ村の氏神へ

十六世紀の戦国期には、隅田一族は守護畠山氏《はたけやまし》の被官として近隣の生地氏《おんじし》や贄川氏《にえかわし》とともに、河内《かわち》国や和泉《いずみ》国方面にしばしば出陣し軍功をあげて対外的に発展し、元亀《げんき》四年（一五七三）六月に畠山氏が滅亡すると、新たな実力者織田信長《おだのぶなが》方に属して石山本願寺《いしやまほんがんじ》との戦争にも参陣している。その石山本願寺が天正《てんしょう》八年（一五八〇）八月に焼失すると、信長は次に高野山《こうやさん》への攻撃を開始して隅田一族もそれに参陣したが、天正十年六月の本能寺の変ののちは、豊臣秀吉《とよとみひでよし》の支配下でその存続をはかったようである。

木食応其と池堤造成

豊臣秀吉と高野山との間で奔走した人物が、真言僧木食応其《もくじきおうご》である。その「興山上人応基書状案《こうざんしょうにん》」（「隅田家文書」一七）が記す、農業用水としての池堤《いけづつみ》の造成、その岩倉池《いわくらいけ》はいまもあるが、とくに注目されるのは、その宛名に「隅田名乗中」と併記して「同地下人中《じげにん》」とあることである。隅田を名乗る衆中と地下人の衆中とが並んで宛名とされているのである。

つまり、戦国期を経る中で、隅田荘域の地元では、隅田一族だけがその勢力が抜きん出ているのではなく、地下人たち、すなわち中小農民層の成長がみられたことがわかる。

八幡宮の再建と氏子の費用負担

その後、豊臣政権から徳川政権への移行の争乱中で隅田八幡宮は戦火で焼失してしまう。そして慶長《けいちょう》十九年（一六一四）に再建が行なわれる。「六坊家共有文書」一九には、二つの注目すべき記事がある。一つは、隅田八幡宮の再建にあたって、「庄中人へち壱人ものこらす壱升《しょう》つゝ」、つまり、隅田荘在住の者は一人残らず米一升を出すこと、もう一つは、河瀬村、山内村、中嶋、さかい原《はら》、中道、赤つか村等々、村ごとの肝煎《きもい》りの者が責任をもって集めること、を取り決めていることである。「庄中」つまり八幡の氏子の者はみんな八幡宮の再建の費用を分担するようにというのである。隅田八幡宮は隅田一族がその祭祀権を独占するかたちではもうなくなってきていた。

「氏人之御衆」も米一斗《と》ずつ出すこととし、「其上ハ相応心さし次第」に出してもらいたい、という言い方がまた微妙である。女子供も一升ずつ出すのだから、隅田一族の衆は一斗くらいは当然であり、その上は家の由緒や立場に応じて相応の負担をしてくれるはずだという意味が含まれている。その一方で、隅田荘内の村々でも努めて勧進《かんじん》、つまり寄進を募るようにするというのであり、近世の隅田八幡宮は、それまで「氏人之御衆」つまり隅田一族が氏人として祭祀の中心となっていた中世の状態から、戦国期を経る中で、新たに「庄中」つまり、隅田荘の村々の住民や他国在住の「氏下」の者もみんな一緒になって祭祀する神社へと展開していたのである。

だんじり屋台の登場

隅田八幡宮が、隅田一族が中心となる氏神から、新たに庄中村々一六ヵ村が祀る彼らの氏神へとなっていったことを、具体的に視覚的に祭礼の上で表現したのがだんじり屋台の登場であった。

だんじり屋台の登場について知らせる史料は、明和《めいわ》四年（一七六七）八月の「雨請願満小踊　御祭礼段尻入用割符《わっぷ》取立帳」（田中家文書）である。そこには、だんじり屋台を飾る水引《みずひき》や簾《すだれ》とともに、「出し花二百五十」と記されている。だんじり屋台に括り付ける竹の「出し花」がその頃は数多く準備されていた。庄中村々一六ヵ村がそれぞれ順番を決めてだんじり屋台を担ぎ出し、放生会が自分たちの祭りとなっていることを示威《じい》しており、かつそれは農民にとって大切な雨乞いという農作豊穣への祈願となっていたのである。

文政《ぶんせい》元年（一八一八）の「芋生孝治家文書」三四九・「宮下彰義家文書」一七九—一八一には、「毎年庄中四郷之中、一郷組合ニ而壱ヶ村宛、順番ニ屋台持参、御輿御渡御供」というしきたりができてきており、その屋台の担ぎ手は「若連中」であったという。

神仏分離と祭礼祭日の変更

隅田八幡宮は明治の神仏分離の結果、現在では隅田八幡神社と呼ばれている。その隅田八幡神社の秋祭りは、毎年十月第二土曜日が宵宮、日曜日が本祭となっている。しかし、もともと隅田八幡宮の祭礼といえば、正月元旦の御朝拝と、八月十五日の放生会の二つが重要な祭りであった。それが現在ではもうほとんど忘れられているかのようである。

変化の推移をさかのぼってみると、まず旧暦八月から新暦十月への祭日の変更の背景にあったのは、明治の神仏分離令とともに仏教的な放生会の色彩が失われていき、秋祭りの色彩が濃くなっていったことである。決定的だったのは、明治四十年（一九〇七）の和歌山県令による例祭日の旧暦八月十五日から新暦十月十五日へという変更の指示であった。そして、戦後の昭和三十二年（一九五七）には市議会でその十月十五日を橋本市の地方祭の日と定められた。ただ、その条例は平成二年（一九九〇）

には廃止され、平成五年からはあらためて十月の第二土曜日・日曜日とされて現在に至っている。

現在では、山手（霜草《しもくさ》・境原《さかいはら》・山内・平野《ひらの》）・宮本（垂井《たるい》・芋生《いもう》・中下《ちゅうげ》）・下手（中島・下兵庫・河瀬《こうぜ》）・川南（恋野《こいの》・赤塚・中道）の四つの地域に分かれており、その四つの地域ごとにそれを構成している個々の四つか三つの村が、それぞれ順番を決めて一台ずつだんじりを出しており、その四つの地区の一三ヵ村の一三台が順番に出られるようになっている。

安政《あんせい》四年（一八五七）の「放生会御神事入用割賦帳」（「隅田八幡神社文書」）によれば、山手に杉尾、下手の兵庫は上と下との二つ、川南に上田があり、その頃は計一六ヵ村の一六台が出ていたことがわかる。現在では実際は一三ヵ村の一三台が順番に出ているのだが、古くからの伝承としては一六ヵ村が奉仕する祭礼だという言い方がいまも伝えられており、それはこのためと考えられる。

歴史の深度

こうして由緒の古い神社の存続の歴史を、その長さの中で追跡しながら遡ってみると、祭祀の担当者も祭礼の内容も大きな変化が起こってきていることが思い知らされる。

しかし、神社の立地そのものは平安時代から現在まで変わってはいない。そして、歴史の深度とその時代ごとの痕跡は民俗の伝承として残されている。文献記録と民俗伝承とその二つの歴史情報を読みとくことによって、伝承 traditions と変遷 transitions という立体的な歴史世界が少しずつみえてくるのである。

第5章　郷村神社の歴史の重層構造

——毛利・吉川氏の足跡と神社——

1　毛利・吉川氏と村の神社

近世村落と神社

郷村で祭られる神社には、4章の隅田八幡宮《すだはちまんぐう》など近畿地方の例にみるように、荘園鎮守社から中世武士の氏神の時代を経て近世以降は村落ごとの氏神へ、というような変化を経てきているものばかりではない。むしろ日本各地の神社ではそのような変化を経てきていない例も多い。

そこで、次にたとえば中国地方の毛利氏《もうりし》や吉川氏《きっかわし》のような国人領主《こくじんりょうしゅ》から戦国武将に成長した領主層のさかんな活動がみられた地域の例を追跡整理してみることにしよう。そこからわかってくるのは何か。それは農村の村落社会の神々の信仰の歴史の上で刻まれてきた四段階の変化である。もっとも古く素朴な第一段階は、山の神や田の神や水の神などへの土着的な神々への信仰である。次の第二段階は、大歳神《おおとしのかみ》や黄幡神《おうばんしん》など古代中世の時代に浸透してきた外来的な神々への信仰である。そして第三段階は、中世の戦乱の時代に在地支配の権力抗争の中で中小武士層が導入した熊野《くまの》新宮《しんぐう》や八幡宮などの信仰である。そしてもっとも新しい第四段階は、より強力な戦国武将が抬頭《たいとう》してきて新たに導入し村落農民層との呼応関係の中で定着化させていった八幡宮の信仰である。

そのような村落社会における氏神の神社の形成過程における、波状的で重層的な歴史的展開を、ここで文献記録と民俗伝承の両方の情報分析という方法で追跡してみることにしよう。ここではかつて筆者も民俗調査で参加した『千代田町史　古代中世資料編』に収録されている史料を参照していく(千代田町役場　一九八七)。

近世村と氏神

平成十七年（二〇〇五）に成立した広島県北広島町は旧千代田町・旧大朝町・旧豊平町、旧芸北町の近隣四ヵ町が合併してできた新しい町である。その中の旧千代田町は、昭和二十九年（一九五四）に旧壬生《みぶ》町・旧八重町・旧本地《ほんじ》村・旧南方村・旧川迫《かわさこ》村の近隣五ヵ町村が合併した町であった。その旧千代田町域を構成する五ヵ町村の中の、旧来の二一ヵ村の近世村とそこで祀られている氏神について追跡整理してみたのが、表4である。なお、八幡神社という呼称は明治の神仏分離令以降つまり近代以降の呼称であり、近世の神仏習合の時代の呼称は八幡宮であった。ここでは現在の呼称の八幡神社も適宜併用していくことにする。

毛利元就・吉川元春関係の棟札

旧千代田町域にあった近世村二一ヵ村のそれぞれで祀られている氏神の神社で注目されるのは、その棟札《むなふだ》に、戦国武将の吉川元春《きっかわもとはる》やその実父毛利《もうり》元就《もとなり》に関係するものがひじょうに多いということである。それらを整理してみたのが、表5である。これらの棟札からわかるのは次のような点である。

まず、毛利元就・隆元・輝元が関与している神社とは、古くからのこの町域の中心地である壬生の

表4　近世村と氏神（旧千代田町域）

近世村	字	氏　神	氏　子　概　数
本地村	上本地	①八幡神社	120戸
	中本地	②中野神社（中御前社）	74戸
	下本地	③山末神社（山王権現社）	160戸
南方村		④八幡神社	175戸
	額田部	⑤額田部八幡神社	40戸
	畑	⑥畑八幡神社	50戸
壬生村		⑦壬生神社	300戸
丁保余原村		⑧熊野神社	43戸
川井村		⑨川井八幡神社	52戸
川西村		⑩川西八幡神社	60戸
惣森村		⑪惣森八幡神社	50戸
川東村	上川東	⑫川東八幡神社	44戸
	下川東	なし	（50戸で黄幡社を祀る）
	阿戸	⑬阿戸八幡神社	12戸
石井谷村		⑭八幡神社	74戸
古保利村		なし	（有田神社の氏子）
有田村		⑮有田八幡神社	230戸
後有田村	（杉ノ本）	⑯新宮神社	110戸
後有田村	（法蔵寺）	⑰瀧山八幡神社	9戸
今田村		⑱今田八幡神社	125戸
春木村		⑲平山八幡神社	45戸
有間村		⑳有間八幡神社	62戸
寺原村		㉑寺原八幡神社	85戸
蔵迫村		㉒龍山八幡神社	100戸
舞綱村		㉓八幡神社	40戸
中山村		なし	（旧新庄村の宮庄八幡神社の氏子）
川戸村	上川戸	㉔熊野神社	50戸
	中川戸	㉕吉藤八幡神社	100戸
	下川戸	㉖亀尾山八幡神社	78戸

表5　毛利元就と吉川元春による神社再建（棟札から）

氏　神	年月日	大檀那	願主・本願
川井八幡宮	天文15(1546)8.15		神体願主万歳丸 玉殿願主千寿丸
後有田新宮社	天文15(1546)9.26	桂 元澄	三宅佐渡守
壬生八幡宮	天文20(1551)11.吉日	大江元就 当職 井上豊前守	井上彦次郎 社司 勘解由丞（井上光俊）
有間八幡宮	天文21(1552)8.吉日	藤原元春并元秀 当所代官元俊并新見新左衛門尉	宥弁并催太郎衛門
有田八幡官	天文21(1552)11.吉日	藤原元春 当庄代官朝枝経家	信蔵坊経誉 作事奉行森（脇）若狭守
川西八幡宮	弘治3(1557)9.吉日	壇主 藤原元春 寺務法印禅誉	平左衛門
川井八幡宮	永禄3(1560)6.吉日	藤原元春 社務代源就次	 作事奉行千寿丸太郎左衛門丞
壬生新宮大明神＊	永禄3(1560)11.2	大江元就并隆元	祝詞（師）井上左衛門三郎
川井八幡宮井垣	永禄11(1568)11.15	藤原御□	本願 千地丸
壬生新宮社殿	天正1(1573)9.吉日	大江輝元	井上豊前守
今田八幡宮	天正2(1574)8.15	吉川経高　子息経忠	西福寺昌祝 作事奉行柏村高成
川戸八幡大菩薩社壇（吉藤）	天正12(1584)8.12	藤原元春　元長	権大僧都珍融
川戸八幡大菩薩社壇（亀尾山）	天正18(1590)4.吉日	吉川広家	
寺原八幡宮	天正18(1590)4	吉川広家	作事奉行佐竹周防守正親 佐々木孫兵衛祐高

＊正徳5年〔1715〕「寺社堂祠古城跡等改寄帳」によるとこれと同年月日の永禄3年の棟札が大歳大明神にもある.

町場の八幡宮と熊野新宮社だけである。それに対して、吉川元春・元秀《もとひで》・元長《もとなが》・広家《ひろいえ》が関与している神社は広く多く、有間・有田・川西・川井・中川戸・下川戸の八幡宮である。それ以外の二つの神社は、毛利家家臣の桂元澄《かつらもとずみ》の後有田《うしろありだ》の熊野新宮社と、吉川経高《つねたか》の今田八幡宮である。そして、これらの棟札が伝えられているのは天文《てんぶん》十五年（一五四六）から天正《てんしょう》十八年（一五九〇）というのは、ちょうどこの時期に旧高田郡吉田《たかたぐんよしだ》の郡山城《こおりやまじょう》を本拠とする毛利元就と、その次男で旧山県郡大朝《やまがたぐんおおあさ》の吉川家を相続して新庄《しんじょう》の小倉山城《おぐらやまじょう》に入部した吉川元春が、新たな日野山城《ひのやまじょう》の築城を進めながらこの地域をほぼ完全に制圧した段階にあたっているということである。

吉川元春の新庄入部以前の棟札

もっとも古い棟札は、天文十五年（一五四六）八月の川井八幡宮のそれである。本願主はこの地を知行していた武士であろうと思われるが、その姓名は故意に伏せられており、子息の万歳丸と千寿丸兄弟への神の加護を祈念している。

この川井八幡宮は、文政《ぶんせい》二年（一八一九）の「国郡志御用ニ付下しらべ帳」には「八幡宮　新宮《しんぐう》」とあり、近世には八幡神と熊野新宮とがともに祀られていたようである。しかし、さらにさかのぼれば、熊野新宮の方が先行して祀られていた可能性が高い。このあと吉川元春が天文十九年に新庄に入部した後の永禄《えいろく》三年（一五六〇）六月の棟札では、「奉再建立当社八幡宮御宝殿壱宇」とあり、八幡宮を再建した大檀越《だいだんおつ》は吉川元春となっている。そして、天文十五年の棟札でその名前が記されていた千寿丸は、この永禄三年の棟札では太郎左衛門丞として作事《さくじ》奉行《ぶぎょう》をつとめている。

次に古いのは、同じ天文十五年九月の後有田の熊野新宮社の棟札である。大檀那は毛利家家臣の桂元澄である。毛利元就がこの山県郡の有田村と今田村の地に進出してくる際に先兵としての役割を担ったのがこの桂元澄であった可能性が高く、その勲功に報いるため、また今後の押さえのための桂氏への所領安堵《しょりょうあんど》であった可能性が高い。

熊野新宮社の勧請

その桂元澄の知行地である後有田の杉ノ本に祭られている氏神の神社が、熊野新宮社である。棟札の天文十五年というのは再建された時点であって、創建はそれよりもさかのぼる。安永《あんえい》三年（一七七四）にこの神社の神主の幸正《こうせい》が本社の玉殿の後ろの羽目板《はめいた》に記されていた銘文《めいぶん》を発見しそれを記しているが、それによると、「奉造立山県有田新宮社事　右趣旨者　天下太平　国土安穏守祈　明徳《めいとく》四年癸酉」とあったという。明徳四年（一三九三）といえば、中央では将軍足利義満《あしかがよしみつ》の政権下で南北朝合一が前年に実現していた時期であり、この安芸《あき》石見《いわみ》一帯では、石見吉川氏出身の吉川経見《つねみ》が将軍義満《よしみつ》から康暦《こうりゃく》二年（一三八〇）に御判《ごはん》の御教書《みぎょうしょ》で、北隣の大朝本荘新荘《おおあさほんしょうしんじょう》の両荘の地頭職《じとうしき》をはじめ平田荘《ひらたのしょう》や石見国永安別符《ながやすべっぷ》の地頭職を与えられて安芸吉川氏の惣領として抬頭してくる時期に当たっている。そしてまた、南方から迫ってきていた厳島神社《いつくしまじんじゃ》の神職家につながる寺原氏の寺原荘も北方の大朝新庄を拠点とする吉川氏の南下によって圧迫されてくる時期にも当たっていた。そのような時期に紀州から熊野新宮社の勧請《かんじょう》がこの後有田の地になされたということである。つまり、それはまだこの地域では古代の安芸国の国造凡氏《おおしし》以来の系譜を引く山県氏《やまがたし》一族の今田氏や有田氏がこの地域に勢力を維持していた時期であった。

安芸国造凡氏から山県郡司凡氏へ

ここで、これらの棟札が語る天文十五年（一五四六）から天正十八年（一五九〇）の頃以前の、この山県郡《やまがたぐん》東部地域の歴史を古代から中世まで簡潔に整理しておく必要があろう。それは以下のとおりである。

安芸国山県郡東部一帯は、『倭名類聚抄』の山県郡の郷名に、壬生・山県・品治《ほんち》（本地）などとあるように、古代から開発が進んでおり、壬生郷は大和《やまと》王権の時代に設定された天皇家の皇子女養育料を負担する壬生部《みぶべ》に由来する地名である。山県の郷名は郡家《ぐんけ》が所在する土地という意味で、郡《こおり》つまり古保利《こほり》の地名が近世村の古保利村から現在まで残っている。「古保利の薬師《やくし》」と呼ばれて現在は廃寺となっているが、かつての古保利山金蔵院福光寺《こんぞういんふくこうじ》の階段や山門《さんもん》は修復されており、寺跡には収蔵庫などが建てられている。その中には九世紀の貞観《じょうがん》期の本尊仏の木造薬師《やくし》如来《にょらい》坐像、脇侍《わきじ》の木造日光菩薩《にっこうぼさつ》立像、月光菩薩《がっこうぼさつ》立像などの仏像群が今も伝存しており、国の重要文化財となっている。その古保利山金蔵院福光寺の建立と経営の背景にあったのが、古く六世紀から七世紀にかけて採用された凡直《おおしのあたい》国造制によって安芸国造に任命されていた凡直、のちの郡司凡氏の存在である。その後、国造制は評制の中に解消されていき、安芸凡直国造の支配領域がいくつかの評《こおり》に分割され、凡氏の一族にその支配がゆだねられ、評は七〇一年の大宝令によって郡と改称されて評督《ひょうとく》は郡司となり、この地の凡氏は山県郡の郡司としての活動を継続することとなった。

壬生荘と凡氏

その後、十二世紀になると、古代の壬生郷にあたる地域が、平清盛《たいらのきよもり》によって嘉応《かおう》三年（一一七一）一月に厳島神社領壬生荘として立荘される。高倉《たかくら》天皇とその母建春門院滋子《しげこ》（平清盛の妻時子《ときこ》の妹）のための祈禱料所としてであった。その壬生荘の範囲は、その四至《しいし》の記述によれば、現在の旧千代田町域の壬生・川東・川西・川井・惣森《そうもり》・丁保余原《ようろほよばら》・有田・南方・木次《きつぎ》におよぶ広い範囲であった。荘園の立券文《りっけんもん》には下司《げし》や公文《くもん》として凡氏の姓の者が連署《れんしょ》しており、当時もこの地域の有力な在地豪族として勢力を維持してきていた凡氏の一族の存在が知られる。その立券文によれば、壬生荘は、田一〇五町（見作《げんさく》七五町八段・年荒《ねんこう》二九町二段）、畠《はたけ》二七町五段、在家《ざいけ》五二宇、それに山野河川からなる広大なものであった。

凡氏から山県氏へ

源平の争乱は平家方の敗北に終わり、鎌倉幕府の成立となって各地の有力武士たちに大きな影響を与えた。凡氏の一族は山方氏《やまがたし》を名乗り多く平家方についたと思われるが、山方氏のうち山方介為綱《やまがたのすけためつな》は源氏《げんじ》方となって活躍したという。しかし、相模守《さがみのかみ》平朝臣を名乗る幕府執権北条泰時《ほうじょうやすとき》は同じ桓武《かんむ》平氏《へいし》の

図25　吉川氏系図

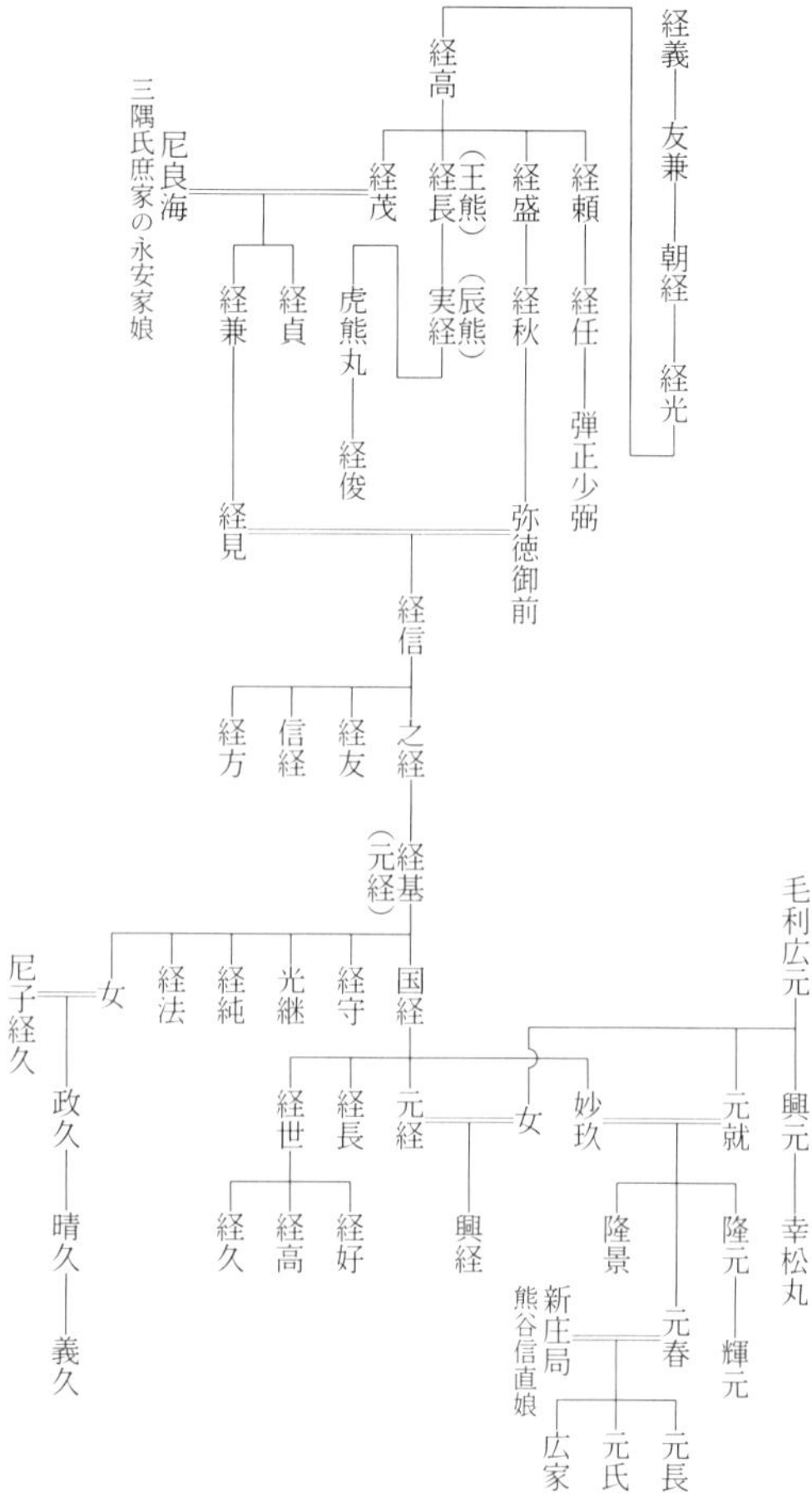

平清盛への尊崇から厳島神社の再建と保護に尽くしており、厳島神社はこの山県郡域の壬生荘をはじめとする支配権を維持してその勢力の浸透は着実であった。たとえば、寺原荘地頭職の寺原氏はこの鎌倉時代に厳島神社神主一族へと替わっており、その寺原荘に属する平田《ひらた》を本拠とする凡氏一族の平

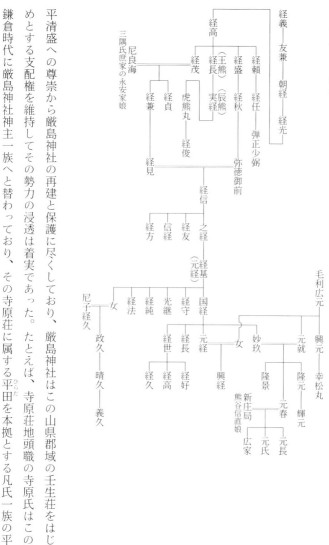

田氏は厳島神主一族の周防氏《すおうし》と婚姻関係を結んでその所領の一部の譲渡を余儀なくされていた。

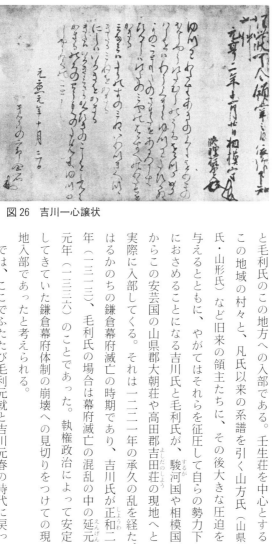

関東から吉川氏と毛利氏が入部

それらの動き以上に、後の時代に大きな影響をもたらす動きがあった。それが、関東からの吉川氏と毛利氏のこの地方への入部である。壬生荘を中心とするこの地域の村々と、凡氏以来の系譜を引く山方氏（山県氏・山形氏）など旧来の領主たちに、その後大きな圧迫を与えるとともに、やがてはそれらを征圧して自らの勢力下におさめることになる吉川氏と毛利氏が、駿河《するが》国や相模国からこの安芸国の山県郡大朝荘や高田郡吉田荘《よしだのしょう》の現地へと実際に入部してくる。それは一二二一年の承久の乱を経た、はるかのちの鎌倉幕府滅亡の時期であり、吉川氏が正和《しょうわ》二年（一三一三）、毛利氏の場合は幕府滅亡の混乱の中の延元《えんげん》元年（一三三六）のことであった。執権政治によって安定してきていた鎌倉幕府体制の崩壊への見切りをつけての現地入部であったと考えられる。

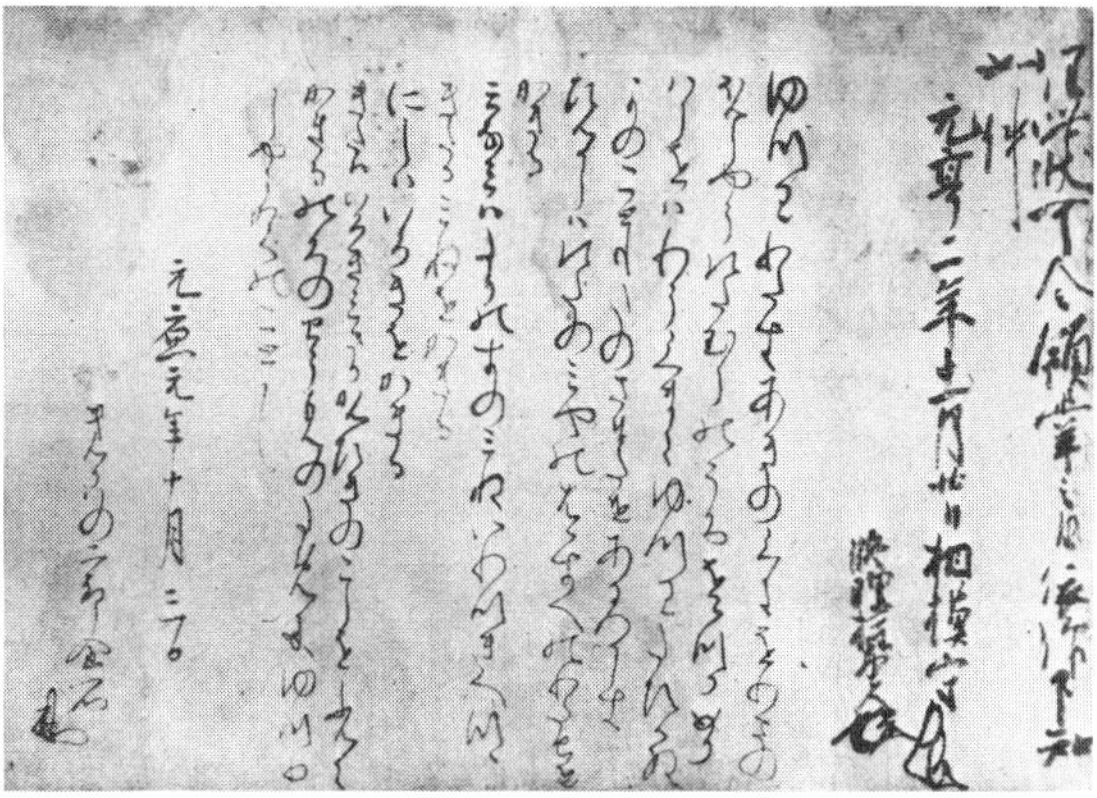

図26　吉川一心譲状

では、ここでふたたび毛利元就と吉川元春の時代に戻ってみよう。

毛利元就と壬生神社

次に古い棟札が天文二十年（一五五一）の、いまは壬生神社に合祀されている熊野新宮社の棟札である。天文二十年といえば、それまで巨大な存在であった守護大名大内氏《おおうちし》が滅亡へと向かう年である。次男元春を北方の旧大朝町域の新庄の小倉城《おぐらじょう》に吉川家の当主として送り込んだ元就は、この旧千代田町域をその吉川元春の領域としながらも、ただしこの壬生だけは山県郡東部の中心地でありその要とみたため、熊野新宮社宝殿の屋根の上葺きを当地の社司井上光俊とその一族とともに行なっている。このあと、永禄三年（一五六〇）にも毛利家当主の嫡男隆元とともに熊野新宮大明神の宝殿を造営しており、さらに元亀《げんき》四年（一五七三）にも、元就の嫡孫で毛利家当主輝元がその新宮社殿の屋根の上葺きを大檀主《だいだんしゅ》として行なっている。

ここで注目されるのは、その棟札では大檀主輝元とともに大願主井上豊前守、物申《ものもうし》井上清藤と現在まで続く神職家の井上家の先祖の名前があり、さらに板面の下方には大檀主氏子《うじこ》とも記されている点である。つまり、この地の有力者たちもこの熊野新宮社の氏子であると位置づけられているのである。その面々とは、棟札裏面に寄進者としてその名前が列記されている山県内蔵丞、同弥三郎、同弥次郎、桜井木工之丞、善福寺存書、三戸与一、弘弥五郎、桜井槌次郎、境孫二郎、山県四郎右衛門たちであった。毛利輝元が大檀主であると同時に、在地の有力者たちをも大檀主であり氏子であるという位置づけが行なわれているのである。

吉川元春による神社再建

次は、天文十九年（一五五〇）に吉川家の家督を継いで新庄に入部した吉川元春の活発な神社の再建立である。それは、天文二十一年の有間の八幡宮と有田の八幡宮、弘治《こうじ》三年（一五五七）の川西の八幡宮、永禄三年（一五六〇）の川井の八幡宮、天正十二年（一五八四）の中川戸の八幡大菩薩社殿（吉藤）まで、五社を数える。その位置からみれば、旧千代田町域の有間と有田、川西と川井という重要な場所を押さえているかたちである。しかし、町域南方の毛利氏の支配下へとなっていた石井谷村、本地村、南方村の神社には関与していない。まさに、吉川元春の支配下となっていった村落の八幡宮の再建を実施している跡がうかがえる。

時期的にやや遅れて天正十二年に中川戸の吉藤八幡宮を、そして元春没後の天正十八年（一五九〇）には広家が下川戸の亀尾山八幡宮を、それぞれ造営しているが、これは川戸村が可愛川《えのかわ》沿いの新庄に近い村落であり比較的早くから吉川氏の支配が及んでいた地域であって、時期的にもいわばゆとりをもってその造営を行なったものとみることができる。

今田氏と今田八幡宮

最後の棟札が、天正二年（一五七四）の吉川（今田）経高とその子息経忠による今田村の今田八幡宮の再建造営である。その棟札によると、作事奉行の柏村高成、大工の富永高久、鍛冶の二宮高清まで、彼らが経高の「高」を拝領していたことから、今田経高が領内の有力職人を被官化していたことをうかがわせる。

この吉川経高は、吉川家の当主興経の重臣として父の吉川経世、兄の吉川経好とともに、天文十六年（一五四七）七月二十二日の連署の起請文では今田経高と名乗って署名している。吉川経世の実子であるが今田氏の女性との婚姻によって今田氏の家督を継いだ可能性が高い。今田氏が婚姻関係を通じて吉川氏一族に組み込まれていったものと思われる。

武運長久と人民与楽の祈願

この棟札の文言で注目されるのは、大檀那の吉川（今田）経高と子息経忠の「武運長久」、「家門繁栄」、「子々孫々无有終尽」などの祈念だけでなく、「同所従一門枝葉繁盛」、「命葉无窮」、そして「庄内富貴」、「人民与楽」という祈念も込められていることである。この棟札の文言は、それが記された天正二年からその後およそ一八五年が経過して宝殿の腐朽大破が進んでいたために、宝暦《ほうりゃく》八年（一七五八）に「村中之氏子」が社殿の葺き替えと修復を行なったとき、その棟札も摩滅して判読困難になっていたのを小田好道という人物が社職の浮乗勘太夫と庄官の富田彦左衛門の懇請によって書写したものだという。この今田八幡宮は、その宝暦八年の時点では、「村中之氏子」が社殿の修復を行なっていたのである。

ここに、氏神としての神社が中世後期から近世にかけて祀られてくる一つの具体例を見ることができる。つまり、その郷村の領主が大壇越として家門繁栄や武運長久を祈願すると同時に、一門所従もその繁盛を、そして庄内村民も五穀豊穣や富貴与楽を、それぞれ氏子としてともに祈願する神社として郷村の氏神の社殿が造営されているのである。領主と村民とが呼応するかたちとなったときに、氏神の社殿の造営が実現する、そしてその後、近世幕藩体制下で領主層がいなくなった段階では、あらためて「村中之氏子」が社殿の修復をして、それが現在にまで伝わっている、というのが、この地域の一つのパターンであったと考えられるのである。

郷村神社の歴史の中における四つの波

ここでふたたび、旧千代田町域の各近世村で祀られている氏神の神社について整理してみた表4に注目してみる。すると、八幡神社が圧倒的に多いことがわかる。それは、この地域の神社祭祀の歴史を反映していると考えられる。

新しいものから順にいえば、第一の波は、いまみてきたような毛利氏や吉川氏が再建したことを示す数多くの棟札から、やはり毛利氏と吉川氏の氏神祭祀への関与によって八幡宮としてあらためて祀られていったという動きである。しかし、それがすべてではない。それより古い第二の波がありそれは、この地域の在地武士である山県氏一族の割拠していた時代から八幡宮が祭られていた可能性がある。たとえば、吉川元春による永禄三年（一五六〇）年の川井八幡宮も再建であるし、天正二年（一五七四）の今田八幡宮も再建である。毛利氏や吉川氏よりもそれ以前からのこの地の在地武士たちは八幡宮を造営していたのである。そのような八幡宮の勧請と造営とは別の動きとして、もう一つそれよりもさらに古い第三の波がある。それは、紀州の熊野新宮社の勧請という動きである。たとえば毛利元就による天文二十年（一五五一）のいまは壬生八幡宮となっている熊野新宮社宝殿の上葺きの場合も再建であり、後有田・川井・丁保余原・上川戸にそれぞれ氏神として熊野新宮社が祀られており、中世の一定の時期、たとえば前述の後有田の新宮社の伝承では明徳四年（一三九三）、上川戸の熊野新宮社では山形為継《ためつぐ》の正平《しょうへい》九年（一三五四）の寄進状《きしんじょう》があるが、南北朝期からそれ以降の一定の時期に、熊野新宮の御師の活動かその他の要因かで、この地域に熊野新宮社の勧請という波動が起こっていたことが考えられる。神仏習合と修験道をも加えた霊験あらたかな熊野権現の信仰が、戦乱の相次ぐこの地域の在地領主層にも受け入れられていたということを物語っている。

そして、熊野《くまの》信仰《しんこう》がこの地域の武士層にも強くみられたことは、毛利氏や吉川氏の起請文に、熊野の牛王宝印《ごおうほういん》の判が捺された料紙が用いられていることからも想定できる。天文十九年（一五五〇）の毛利氏家臣の連署の起請文では、その旨にもし違背したならば、「梵天《ぼんてん》、帝釈、四大《しだい》天王、惣日本国中六十四州大小神祇、別而厳島大明神、祇園牛頭天王《ぎおんごずてんのう》、八幡大菩薩、天満大自在天神《てんまんだいじざいてんじん》部類眷属神罰冥罰、於各身上可罷蒙也、仍起請如件」というようなおどろおどろしい文言で、霊験あらたかな神仏の厳罰を覚悟するという起請文の料紙に、熊野の牛王宝印が荘厳にまた不気味に捺されている。また、伯耆《ほうき》羽衣《うえ》石城《しじょう》（鳥取県東伯郡東郷町）の城主南条宗勝《なんじょうむねかつ》が死亡した際に、その子息の小鴨元清《おがももときよ》が、惣領の南条元続《もとつぐ》を亡父にかわって取り立ててほしいと、吉川元春に訴え、今後吉川氏に対してその南条元続はいささかも別心なき旨を誓約しており、その小鴨元清の血判《けっぱん》の起請文も、そのような牛王宝印の捺された料紙に書かれている。南北朝期以降の戦乱の中で、その生き残りをかけた在地武士たちの間で熊野新宮社の勧請という動きがあったことが考えられる。

2 氏神と中小の神社の多様性

壬生の氏神と神社合祀

ここであらためて壬生の氏神の事例の情報整理をしておこう。現在は街を見下ろす教得寺《きょうとくじ》の後方に壬生神社が祭られている。しかし近世後期の「山県郡壬生村絵図」では現在の壬生神社の位置には新《しん》宮大明神《ぐうだいみょうじん》が祭られ、そこから少し離れた場所に東山八幡宮《ひがしやまはちまんぐう》が祭られている。また、少し離れて大歳大《おおとしだい》明神《みょうじん》が祭られている。文政二年（一八一九）の「国郡志御用ニ附下しらへ書出帳」にも、東山の八幡宮、平山の新宮大明神、尾山の大歳大明神、の三社が壬生の神社として記されており、この三社がともに壬生村と惣森村と丁保余原村の「産神《うぶがみ》」であると記されている。この地の神職井上家に伝来する文書類では、氏神と氏子を産神と産子と表記することが多いので、この三社が壬生村と惣森村と丁保余原村の産神つまり氏神であるとされていたものと考えられる。

明治三十年代の壬生の景観を描いた図「山県郡壬生村社寺及旧蹟壬生村地景図」にもまだ、近世の「山県郡壬生村絵図」と同じく「新宮社」、「八幡神社」、「大歳社」がそのままの位置で描かれている。しかし、現在氏神は壬生神社となっており、その主祭神は八幡神とされ熊野新宮はそこに合祀されている。そうなったのは、明治政府の神社併合政策を受けてのものであった。それによりもとの熊野新宮社の場所に東山八幡宮が移ってきて大歳神社とともに壬生神社として祭られているのである。しかし、まだ大歳神社は現在もかつての地に社殿が残っている。この三つの神社の併存という事実は、壬生の神社の歴史を反映しているものといってよい。

歴史的にみれば、まず先行して祭られていたのは大歳神社であり、それに続いて熊野新宮社が勧請され、さらにその後に八幡宮が勧請されたという展開である。前述の新旧の波でいえば、新しい順に第一、第二の波が八幡神の勧請であり、その前の第三の波が熊野新宮の勧請であったが、もう一つもっとも古い第四の波があったのであり、それが大歳神《おおとしのかみ》の勧請であったと考えられる。

大歳神社の勧請

大歳神というのは古い文献では『古語拾遺《こごしゅうい》』の記述で知られる古代以来の農作稲作の神であり、それに後に陰陽道の大歳神《だいさいしん》の信仰が習合するなどして、西日本の各地で祀られている神である。『広島県神社誌』の掲載する郷村の神社の数をみてみれば、山県郡東部の旧千代田町域では町内二七社のうち八幡神社が二〇社と圧倒的に多いのに対して、山県郡西部の旧加計《かけ》町域では町内四四社のうち、大歳神社一三社、八幡神社七社、河内神社七社、大元神社四社、長尾神社二社、その他、となっている。その旧加計町やそれに隣接する旧芸北町では郷村の氏神としては八幡神社よりも大歳神社の方が多いのが実情である。ただ、『広島県史』民俗編によれば、安芸と備後《びんご》を含めてしまえば、広島県内一〇三七社のうち、その祭神《さいじん》はさすがに八幡神社三七六社、天満宮《てんまんぐう》四二社、大歳神社三八社、吉備津神社《きびつじんじゃ》三一社、熊野神社二七社、厳島神社二三社となっている。このような八幡神信仰の展開は、やはり鎌倉から南北朝以降の在地領主層の成長と深くかかわっていたものと考えられる。

しかし、それとは別に、大歳神社が祀られている例が多いことから想定されるのは、在地経済の持続的継続性の上で、やはりもっとも肝要なのは、これまでみてきた棟札の慣用句でもある「武運長久」とならぶ「五穀豊穣」「庄民快楽」「子孫繁盛」である。農業生産の守護神《しゅごじん》としての大歳神社の信仰が、現地の経営上、領主にも領民にも広く浸透し共有され活用されてきていたからだと推定される。ちなみに、旧千代田町域の氏神の神社で、壬生の大歳神社の他に、現在は八幡神社となっているが、その境内社《けいだいしゃ》に大歳神を祭っているのは、川井八幡・川西八幡・後有田の熊野新宮・寺原八幡・有間八幡・法蔵寺の瀧山八幡・蔵迫《くらさこ》の龍山八幡の計七つの神社を数えることができる。

旧大朝町域の氏神

吉川元春は天文十九年（一五五〇）の新庄小倉城への入部以降、旧千代田町域の氏神の社殿を立て続けに再建していった。その家督を相続した吉川氏の地元である旧大朝町域の氏神の祭祀はどのようになっているのか、ここでその旧大朝町域の氏神についても追跡整理してみることにしよう。その旧大朝町域の近世村と氏神について整理したのが表6である。

⑥駿河八幡神宮　まず、吉川氏ともっともゆかりの深い神社が新庄の龍山《たつやま》八幡神社である。近世までは駿河八幡宮と呼ばれており、享保《きょうほう》十二年（一七二七）の棟札にも文化《ぶんか》十年（一八一三）の棟札にも「駿河八幡宮」と記されている。吉川経高（一心《いっしん》）がこの地に入部したという正和二年（一三一三）四

図 27　龍山八幡神社拝殿

図 28　龍山八幡神社本殿

表6　近世村と氏神（旧大朝町域）

近世村	字	氏　神	氏子概数
大朝	大朝	①小山八幡神社	180戸（大朝）
		②富士神社	120戸（宮市・松崎・境・茅原）
枝宮		③枝宮八幡神社	280戸（大塚・朝枝・間所・小枝・鳴滝ほか）
	小枝	（大歳神社　枝官八幡神社に合祀）	
	鳴滝	（厳島神社　枝宮八幡神社に合祀）	
大塚		（枝宮八幡神社）	
筏津		④大歳神社（旧三芦神社を合祀）	47戸
田原		⑤降子《おちご》（御児子《おちご》）神社	55戸
新庄		⑥龍山八幡神社	150戸（郷之崎・上市・下市・浜田庄・田中原）
宮迫		（□□神社　龍山八幡神社に合祀）	
磐門		⑦天磐門別神社	16戸（磐門）
宮庄		⑧宮庄八幡神社	80戸（宮庄・井関・立石・旧千代田町中山）
岩戸		⑨八栄神社（旧宮瀬神社を合祀）	100戸（岩戸・本谷・鉄穴原・中之宮・平田・横路・番之目）

月に、駿河国吉川村の八幡宮を社家《しゃけ》の三上忠重とともにこの地に勧請したものという。

現在の本殿《ほんでん》はその内陣《ないじん》に記された墨書によって吉川元春が弘治四年（一五五八）に再建したものであることがわかる。

③枝宮八幡神社　次に注日されるのが、大朝の枝宮《えだのみや》八幡神社である。正和二年四月に吉川経高（一心）が入部したときまずその居城と定めた駿河丸城に近いのが、この枝宮八幡神社である。

慶長《けいちょう》六年（一六〇一）の福島正則《ふくしままさのり》の検地の際の「御社山拘之地」（宮司の森脇家文書）によれば、枝宮八幡宮の管轄下の神社として、八幡神社（大朝村枝宮山）、八幡神社（大朝村養生寺山）、富士権現社（大朝村宮の原山）、大明神社（大朝村馬場）、劔大明神社（大塚村うすき）、三《み》芦権現社《あしごんげんしゃ》（筏津《いかだづ》村みあし）、大利し社（筏津村森藪）、児子大明神社（田原大にご）、大塚山山神《やまのかみ》弐ヶ所、の諸社が列記されており、この枝宮の管轄する神社の範囲が、旧大朝町域に広かったことが知られる。

祭神の多様性

この大朝町域の氏神のあり方として注目されるのが、一つには、岩戸の祇園社《ぎおんしゃ》や大朝の町場の富士権現社など、八幡宮だけでなく祭神が多様である点である。二つめは、筏津の大歳神社（三芦神社と合祀）や田原の降子（御児子《おちご》）神社、磐門《ばんもん》の天磐門別《あめのいわとわけ》神社のように、それぞれの郷村ごとに氏神として素朴な祭神が祭られている点である。

筏津の大歳神社は、むしろこの山県郡域では前述のように数多く祀られている祭神であり、八幡神よりも先行して祭られてきた歴史がうかがえる祭神である。筏津の大歳神社のほか小枝でも集落内にかつて大歳社を祭っていたが、大歳社を祭る村ではどこでも「大歳さんのお蔭で、どんな凶年でも種籾がとれた。それをわけあって種にした」という伝承が必ずといってよいほどに語られている。大歳神には農業の神、稲作の神としての信仰が根強く伝えられているのである。

地域ごとの小社

注目される三つめは、いまも述べた小枝の大歳社のように、大きな枝宮八幡神社に合祀される前までは、それぞれの字《あざ》ごとに村人によって小さな神社が祭られている、また祭られていたという事実である。いまも祭られている例としては、たとえば九門明《くもんみよう》の波多神社《はたじんじゃ》であり、地元の約十数戸で十月二十四日に秋祭りが行なわれている。合祀される前にかつて祭られていた例としては、たとえば今は大朝の枝宮八幡神社に合祀されている鳴滝の厳島神社である。

つまり、郷村の氏神には、古い由緒と広い氏子圏をもつ大朝の枝宮八幡神社や新庄の龍山八幡神社のような例もあれば、筏津や田原や磐門のように村ごとにその氏子で氏神を祭る例もあり、さらには九門明やかつての小枝や鳴滝や宮迫のようにもっと小さな村の範囲で、氏神とまでは呼ばれていないがそれぞれの村の神社を祭る例もあるのである。

中小の神社の多様性

古い由緒をもつ氏神の神社とは、中世以来の在地領主層が大檀那として祭り、領民もそれに参加してきた神社である。村ごとの氏神は在地領主層の支持もありながら、あくまでも村民が主体となって祭ってきた神社で、小字ごとの小さな神社はその小字の人たちがもっとも身近な自分たちの守り神として祭ってきた神社である。

旧大朝町域がこのような多様な中小の神社を重層的に残し伝えているのはなぜか、それはこの領域が吉川氏の本拠地として比較的長く安定した歴史を刻んできていたからだと考えられる。つまり、地域ごとの氏神の祭祀の歴史をそのまま自然の動向に任せて刻んできているのである。それに対して旧千代田町域では、天文二十年（一五五一）から天正十八年（一五九〇）の間に、新たな支配者の吉川氏と毛利氏による八幡宮へという、現代風にパソコンデータ保存にたとえていうならば、最終的な上書き保存がいっせいに行なわれたのであった。その八幡宮よりも先行していた大歳社などは、境内摂《せっ》社《しゃ》としていまは静かに伝存しているのである。

図29　下川東の黄幡社

黄幡神の信仰

そのような旧千代田町域にあっても、旧大朝町域でいわば古くにデータ保存されていたような、小字ごとの小さな神社を自分たちの守り神として祭っているという事例も一部では保存され伝承されている。

大歳社とは別のもう一つの例、それが壬生地区の下川東の黄幡社《おうばんしゃ》である。川東には上川東と下川東があり、小字野々頭《ののとう》に祭られている川東八幡神社は上川東の四四戸の氏神であるが、下川東には氏神の神社はない。下川東地区はユネスコ無形文化遺産登録の壬生の花田植を構成する壬生田楽団と川東田楽団という二つの田楽団の内の一つの地元の集落であり、歴史の古い村落である。氏神と氏子としては現在は壬生の町場と一緒で壬生神社を氏神としてその氏子となっている。しかし、それとは別に下川東の集落の約五〇戸が独自に祭っているのが、集落の東側の山裾にある黄幡社である。毎年春五月と秋十月に祭りをして秋には餅《もち》まきなどもしている。

黄幡神の信仰というのは、もともとインド占星術の九曜《くよう》の一つである羅睺《らごう》星に由来し、日本では陰陽道で方位の吉凶をつかさどる八将軍の一つである羅睺星を祭るものである。集落の境界に祭られたり、武芸《ぶげい》に吉とされたりし、密教と習合して不動明王や蛇体神や素戔嗚尊《すさのおのみこと》とも重なって信仰されているものである。

川東地区では、上川東の八幡神社境内にもこの黄幡社が祭られており、八幡神に先行して祭られていた神である可能性が高い。この小社や小祠のかたちで祭られている黄幡神は、古代以来の旧壬生荘域に広く祭られていることが追跡できている。壬生荘域の北方では、惣森八幡神社の境内地、川井八幡神社の境内地、善福寺跡の観音堂《かんのんどう》の境内地、丁保余原の熊野神社の境内地に祭られている。壬生荘域の南方では、旧南方村中原、旧南方村出原の馬頭観音《ばとうかんのん》の隣地、旧南方村上畑と、旧壬生荘域の各地にくまなく祭られていることがわかる。その他、旧春木村の下春木、旧春木村の見崎谷、旧今田村の奥の移原、旧川戸村の上川戸の熊野神社の境内地、にも祭られており、総計で一三社を数えることができる。つまり、この旧千代田町域一帯では壬生荘域を中心にかつて広く黄幡神の信仰が伝来し根付いていたことが想定されるのである。

しかし、この黄幡神は郷村の氏神として祭られることはなかった。それが下川東地区では氏神としてまでではないものの、それに準じるレベルで、小さな村と村人たちのもっとも身近な守り神として祭り伝えてきているのである。この下川東の黄幡社は、郷村の氏神の祭祀圏よりも小さなもっとも密着的な相互扶助関係で形成されてきていた小集落の家々の共同の守り神として祭られている神であり、そのような神社の典型的な事例と位置づけることができる。

3　共通する建築様式と再建ブーム

三間社流造りの本殿形式

この毛利氏や吉川氏が歴史の上で大きな足跡を残した広島県西北部の旧千代田町域や旧大朝町域の村落や町場の氏神の神社について注目されるのは、そのほとんどが同じ建築様式で共通していることである。

どの神社もほぼ同じ、三間社流造りの本殿、つまり正面の柱間《はしらま》の数が三つの本殿で、正面の側に庇《ひさし》を付けて屋根が長く流れている本殿形式なのである。三浦正幸氏によれば、天正十八年（一五九〇）に吉川広家《きっかわひろいえ》を大檀越《だいだんおつ》として建立された寺原八幡神社の例では、貞享《じょうきょう》元年（一六八四）と明和《めいわ》二年（一七六五）に大きな修理を受けて一部の改造はあるが、よく天正期の建築様式を残し伝えているという。

全国的にみても天正期の建築物の現存例は少ないため、この寺原八幡神社は貴重な遺構だという。

十六世紀の神社建築と地方色

この寺原八幡神社に限らず、旧千代田町域の十六世紀中期から後期にかけての神社建築は、それと同時代の日本各地の諸地域のものと比べると、明白な地方色がみられる。この時期というのは、畿内《きない》では豪華絢爛な桃山《ももやま》建築が流行しており、とくに華麗な彫刻を多用し、その彫刻は左右非対称で写実性に富み、立体感のあるものが多い。

それに対して、この旧千代田町域の神社建築は装飾性が乏しく、彫刻を施しているのは蟇股《かえるまた》・手挟《たばさみ》・木鼻《きばな》に限られている。ただその彫刻も古式で、左右対称の薄肉彫《うすにくぼ》りである。そうした独自の強い地方色をみせている神社建築の中で、それを手掛けた大工の名前が知られるのが、弘治三年（一五五七）の川西八幡宮の佐伯弥十郎である。その他、天文二十一年（一五五二）の有田八幡神社本殿の棟札に大工佐伯四郎右衛門尉祐春、天正十二年（一五八四）の川戸の吉藤八幡神社本殿の棟札に佐伯善兵衛尉などの名前がみられる。この佐伯姓の大工は、この旧千代田町域から旧大朝町域また高田郡旧吉田町域や旧八千代町域の神社建築を幅広く手掛けており、彼らは毛利氏や吉川氏と深い関係のある大工であったという。中世史の岸田裕之氏から三浦氏への教示によれば、佐伯善兵衛尉という名前の大工は、毛利元就の有力な家臣であったという。十六世紀中期から慶長五年（一六〇〇）の関ヶ原の合戦までの約半世紀の間に、この地方に現在も残るような独特の地方色をもちながらの本格的な神社建築を造営していった人材とは、その毛利家配下の佐伯氏たちの宮大工集団であったと考えられる。

十七世紀後半から十八世紀前半の再建ブーム

関ヶ原の合戦後はしばらくのあいだ、神社建築の遺構はみられなくなる。吉川氏も毛利氏も周防の岩国《いわくに》へ、長門《ながと》の萩《はぎ》へと移封《いほう》となったからである。安芸国はまず福島正則の、それに次いで浅野氏の支配下となる。そうして、ふたたび郷村の氏神の神社建築が行なわれるようになるのは、社殿の老朽化が進んだ十七世紀後期以降のことであった。

延宝《えんぽう》七年（一六七九）の川東八幡神社本殿、元禄《げんろく》十三年（一七〇〇）の壬生神社本殿（もと熊野新宮社本殿）、正徳《しょうとく》五年（一七一五）の川西八幡神社本殿、享保九年（一七二四）の本地の山末神社本殿、延享《えんきょう》元年（一七四四）の後有田の法蔵寺の瀧山神社本殿、寛延《かんえん》三年（一七五〇）の壬生の大歳神社本殿、それに十八世紀中期の蔵迫の龍山神社本殿、同じく十八世紀中期の春木の平山神社本殿と続く。つまり、江戸時代半ばの十八世紀前期から中期にかけてこの地域では老朽化が進んだ氏神の神社本殿の再建があいついだのである。

しかし、それらはかつてのような吉川氏や毛利氏のような領主層によってではなく、それぞれ郷村の氏子が中心となって再建立したものだったという点が注目される。その時期に村ごとの氏子が中心になって建て替えられた神社本殿こそが、現在の氏神の神社として氏子の人たちの参拝と祭祀を受けている社殿なのである。

鎌倉時代後期の今田八幡宮の玉殿

平成八年（一九九六）、今田八幡神社で貴重なものが発見された。神社の屋根の葺き替え工事のときである。神社本殿の内部にさらに小さな宮殿《くうでん》とか玉殿《ぎょくでん》と呼ばれる御神体《ごしんたい》を納める小型の宮殿が納められており、その古い宮殿の長押《なげし》に墨書銘《ぼくしょめい》があるのが見つかったのである。さっそく広島大学の中世史専門の岸田裕之氏と建築史と文化財研究が専門の三浦正幸氏の鑑定により、数々の貴重な知見が得られることとなった。まず、墨書銘は次のとおりであった。

図30　今田八幡神社玉殿

奉造立八幡大菩薩御宝殿　元亨《げんこう》四年甲子八月十六日　□
凡□□　敬白　□□□□

甲と凡の文字は不鮮明で断定できないが、その可能性が高いという。元亨四年といえば、甲子年で、西暦一三二四年である。造立した年代が明らかな玉殿である。このような玉殿の史料上の初見は、仁治《にんじ》二年（一二四一）の「伊都岐島社神官等申状《もうしじょう》案」（『厳島野坂家文書』一八六二号）で、厳島神社の本殿内のものを「御体玉殿」と呼んでおり、その後の厳島神社の文書ではすべて「御玉殿」と記されている。

現存する最古の玉殿は、高田郡旧八千代町佐々井（現安芸高田市）の佐々井厳島神社の文和二年（一三五三）と文安《ぶんあん》二年（一四四五）の玉殿であり、その造立銘文にも「御玉殿」とある。この新発見の今田八幡神社の玉殿は、その佐々井厳島神社の文和二年造立の玉殿よりも古い元亨四年（一三二四）造立の玉殿だったのである。

厳島神社玉殿と共通

今田八幡神社は、厳島神社の本殿内の玉殿と同じ形式の玉殿を奉斎していたのであるが、安芸宮島《みやじま》の本社の厳島神社の本殿内の玉殿よりも建築物としては、この今田八幡神社や佐々井厳島神社の本殿内に奉斎されている玉殿の方が建立年代が古い。それはなぜか、あくまでも本物で本元は本社の厳島神社の玉殿の方である。しかし、厳島神社の建造物は、海浜に社殿が建造されているため潮風や海水の影響で環境的に傷みが激しく、常に修理修復を継続して部材の交換なども重ねられて社殿を維持してきている。したがって、玉殿の形状はすべて古式が伝えられているが、その建築部材は厳島神社本社では時代を経る中でつぎつぎと更新されつづけてきているのである。だから、逆に佐々井や今田のような厳島神社の荘園であった農村地帯の氏神の神社建築の中に、古い時代のままの建築部材とともにその玉殿の当時の実物が保存されてきたのである。そのこと自体に貴重な意義があるといってよい。

厳島神社の支配

この今田八幡神社の玉殿が厳島神社の玉殿を模したものだということは、その元亨四年当時は、凡《おお》氏《し》一族の系譜をひく山県氏一族が支配する今田村では、この八幡宮を造営しそれを氏神として祭りながら、厳島神社の支配下に組み込まれていたことを示す。鎌倉中期から南北朝期にかけて厳島神社の勢力が近くの寺原荘にまで強く及んでおり、寺原氏は厳島神主一族にとって代わられていたのであるが、この今田村でも厳島神社の支配が鎌倉後期に及んでいたことを、この玉殿は物語る。

そして、その後の歴史の転変の中で、南北朝期には安芸国分郡守護《あきのくにぶんぐんしゅご》の武田氏《たけだし》の支配下に組み込まれ、戦国期には吉川氏がこの地に進出してきて、先にみた天正二年（一五七四）の吉川経高を名乗る今田経高の棟札を残しているのである。

今田八幡神社は、そのようなこの地に展開された領主権力の転変の歴史の中を生き延びてきて、現在に至っているのである。

厳島神社の動向

現在につながる厳島神社の華麗な社殿は平清盛による仁安三年（一一六八）の造営による。鎌倉時代前期に三度にわたる火災で焼亡しながらも、仁治二年（一二四一）に再建された社殿が現在につながるものであり、清盛の創建時と寸分たがわぬ精密な再建である（三浦　二〇〇六）。その再建に尽力したのは執権北条泰時であった。幕府の発給文書に「相模守平朝臣　武蔵守平朝臣」と名乗る泰時は、平家一門として平清盛を追慕しており、古文書は残されていないが、神社に奉納されている兵庫鎖《ひょうごぐさりの》

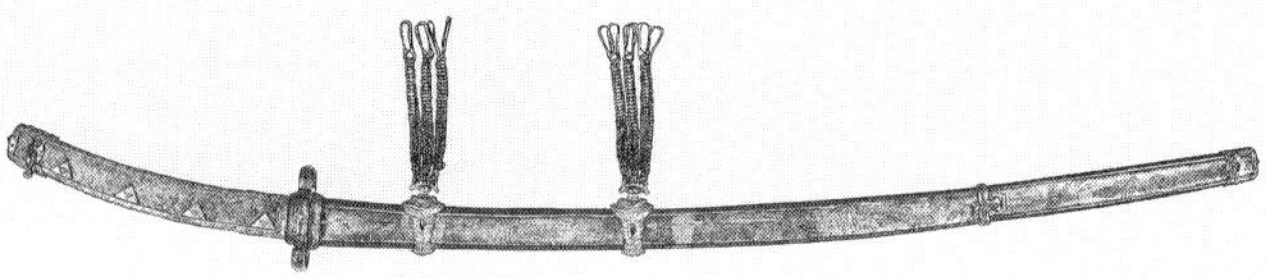

図 31　兵庫鎖太刀（厳島神社所蔵）

太刀《たち》の名品とその柄《つか》の部分に打ち付けてある三鱗紋《みつうろこもん》が、何よりも北条泰時の信仰をあらわす物証といってよい（新谷　二〇〇九）。

厳島神社の神主は古くから佐伯《さえき》氏で、佐伯景弘《かげひろ》が平清盛の家人となって現在につながる厳島神社の造営を実現させたが、寿永四年（一一八五）の平家の滅亡の後も、海中に沈んだ三種の神器のうちの宝剣の探索のために神主の職にとどまることを認められた。しかし、承久の乱（一二二一年）では朝廷方についたため、佐伯一族は神主職を取りあげられてしまい、幕府御家人の藤原親実《ふじわらのちかざね》に神主職は与えられた。ただし藤原親実もその後に神主の職を世襲していった子孫たちも、鎌倉期を通じて厳島には在任せず、惣政所を派遣して神社の支配を行なうかたちをとった。そのため、実質的な神社祭祀の実務に当たったのは、従来どおり佐伯氏一族の世襲的な神職の集団であり、その役所であった政所の上に惣政所を置いて支配をするかたちとなっていた。

安芸国北部の壬生荘《みぶのしょう》（現在北広島町）は、古く太政大臣平清盛の所領となっていたが、安芸国一帯へはその後も厳島神社の勢力は早い時期から勢力を伸ばしていた。その遺跡の一つが鎌倉期の佐々井の厳島神社の玉殿《ぎょくでん》

（現在安芸高田市）であり、今田の今田八幡宮の玉殿（現在北広島町）である。

南北朝期以降になると、神社経営の安定と老朽化する社殿の維持造営のための費用の確保と所領支配のために、藤原神主家は現地の安芸国に赴任してくる。そして神主家とその一族が所領確保と拡充にむけて奮戦する国人領主へとなっていった。そこで、安芸国守護の武田氏と長門周防両国をはじめ広大な領国を支配している大内氏との対抗関係の中で、安芸と周防長門石見一帯のさまざまな国人領主との利害対立の中にあって、自らの勢力の確保を不断に求められる状況となった。しかし、戦国期の混乱の中で、神主藤原興親《おきちか》が跡継ぎのないまま病死してしまい、その跡目をめぐって神主家の一族である友田《ともだ》興藤《おきふじ》と小方加賀守《おがたかがのかみ》とが相争うという事態がおこる。その後の紆余曲折ののち、天文十年（一五四一）友田興藤は再び大内氏に叛旗をひるがえしたため、大内氏の軍勢の前に桜尾城《さくらおじょう》は陥落し興藤は城に火を放って切腹して果てた。これにより鎌倉以来の厳島神社の神主家は完全に滅亡したのであった。

藤原神主家の滅亡により、あらためて厳島神社の運営の中心的な存在となったのが、古来の佐伯氏一族の棚守房顕《たなもりふさあき》つまり野坂房顕（一四九五〜一五九〇）であった。厳島神社の大宮の宝蔵を管理する棚守職を世襲する家柄ということで、棚守房顕と呼ばれることが多い。天文十年（一五四一）には大内義隆の御師となっているが、義隆が自刃して果てたのち、天文二十四年の陶晴賢と毛利元就との厳島合戦に際しては毛利方として活躍し、その後、毛利元就の保護のもとで、厳島神社を代表する地位を

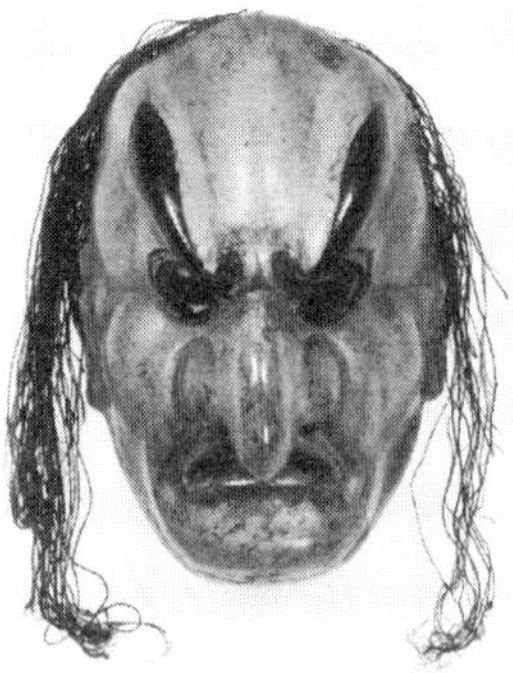

図32　舞楽面（厳島神社所蔵）と野坂元良宮司による抜頭

築いた。彼は天正十八年（一五九〇）九六歳で没するが、この棚守房顕の活躍によって、もともとの佐伯氏一族を中心とする厳島神社の祭祀が復活したのであった。そして、現在へと続く野坂宮司家の基礎を築いたのが、まさにこの棚守房顕であり、現在も毎年年始の地久祭《ちきゅうさい》で唯一宮司が舞う舞楽として、抜頭《ばとう》の演目が代々野坂宮司家の父子相伝とされて尊重されているのも、棚守房顕の家が舞楽の舞師の地位を世襲していたことによる。古く平家一門から承安三年（一一七三）に抜頭など六面の墨書銘のある舞楽面が寄進されているが、そのような事実からすれば、厳島神社にとって舞楽というのは、中世の文明三年（一四七一）に棚守安種が天王寺の楽人秦広喜より舞を伝授されたという記録もあるが、もともと平清盛の信仰以来の古く長い歴史を伝えているきわめて重要な芸能といってよい。

厳島神社にとくに信仰を寄せた人物の一人が毛利元就である。天文二十四年の厳島合戦は決定的であった。元就が隆元、元春、隆景の三人の息子に宛てた三矢の訓えの「三子教訓状」でも、その勝利は厳島大明神の加護によるものだといい、三人の息子にも厳島神社を大切にして信仰するようにと強く求めている。しかし、その元就が厳島神社の社殿を流血で汚す事件が起こる。永禄六年（一五六三）八月、元就の嫡男隆元は尼子氏攻略に参加する途上、備後三次地方の毛利氏傘下の国人和智《わち》誠春《まさはる》兄弟らから饗応を受けた際、その直後に急死する。享年四一歳、遺体はその場で荼毘に付された。毛利元就は、周到に情報を収集して隆元の毒殺の疑いのある和智誠春兄弟を攻めて降伏させ、厳島に幽閉する。ところが和智兄弟はこともあろうに神社の本殿に立て籠もってしまい出てこない状態となる。困り果てた毛利勢は和智兄弟を力づくで本殿から引きずり出し、社頭で斬殺した。永禄十二年（一五六九）のことである。社頭を血で汚してしまった元就は篤く信仰する厳島大明神に対してひじょうに申し訳なく思い詫びて、即座に本殿の建てなおしを行なうこととした。そして、ただちに再建工事に着手して、元亀二年（一五七一）十二月に造営を完了させ、京都から神祇大副吉田兼右を招いて遷宮を行なっている。そうして、引き続き棚守房顕の後ろ盾となり、大内氏以来の棚守・大聖院・大願寺の三者を広義の厳島神社の代表とする神社運営を支持しつつ、社職の補任権や給地宛行権は毛利氏が保留し、利害対立の場合には毛利氏が採決権を行使するかたちをとることとしたのであった。

第6章　若狭のニソの杜

——原初的な神祭りを伝える——

1　先祖神は後付けの解釈

民俗伝承学が明らかにする伝承と変遷

日本の神社の起源と歴史を追跡する上で、何よりも重要なのは文献史料と考古遺物からの情報である。しかし、もう一つ重要で不可欠な情報が民俗伝承からの情報である。その民俗伝承の情報分析の方法は、基本的に比較研究という方法である。一般に比較には新旧の比較と異同の比較がある。キリスト教の教会やイスラム教のモスクと日本の神社の比較は、文化の異同の比較である。日本の神社のありかたをめぐる磐座《いわくら》祭祀、禁足地《きんそくち》祭祀や社殿祭祀その他の比較は、歴史の新旧の比較である。民俗学、民俗伝承学が注意するように、それらの神社祭祀のありかたの新旧の比較が可能なのは、新旧の段階差が現在もそれらの神社祭祀のありかたの中に多様なかたちで伝承されているからである。古代から現代までの歴史の中でかつて現出し採用された祭祀の方式は、歴史と民俗の情報データ群の中から決して完全消去されることがないからである。

伊勢《いせ》神宮《じんぐう》や出雲《いずも》大社《たいしゃ》、そして日本各地の村落社会の氏神《うじがみ》の神社、また小さな集落の小祠《しょうし》など、日本の神社が多様なかたちで歴史の中に伝承されてきているのは、いずれもそれらが歴史の上での所産だからである。眼前の神社祭祀の多様性が発信しているのは、伝承と変遷という歴史の段階差についての情報である。伝承文化の多様性とはつまり歴史情報なのである。それを読みとくのが民俗学、民俗伝承学という新しい歴史科学のしごとである。

神社祭祀の古いすがた

民俗学にとって、若狭《わかさ》のニソの杜《もり》というのはかつて魅力的な研究テーマであった。ニソの杜という呼称が素朴で民俗的なまた詩的な語感を含んでおり、とくに昭和二十五年（一九五〇）に柳田國男によって、おそらくそれは先祖を祭る杜であり、一般の村や町の氏神や鎮守《ちんじゅ》の神のもともとの古いすがたを伝えている可能性がある、だからおおいに調査をすべきだと関係者を激励して、『民間伝承』一四巻二号（一九五〇年）に「ニソの杜」という文章が掲載されたことにより、広くその名が知られるようになったのであった。

柳田國男の見解は安間清への昭和二十五年の書簡（『柳田國男の手紙―ニソの杜民俗誌―』）によって知られるが、その内容で注目されるのは、次の三点であった。①柳田はニソの杜の祭りが十一月二十三日であることからして祖霊の祭りであると考えていた。②ニソの杜の祭日、祭式《さいしき》、伝来など詳細な調査を期待しており、それと三方郡《みかたぐん》のダイジョウゴンとの比較や、大飯郡《おおいぐん》と遠敷郡《おにゅうぐん》へも調査対象を広げての比較研究を推奨している。③霜月二十三日の祭りという点から、関東東北の大師講《だいしこう》や跡かくしの雪の伝承、新嘗《にいなめ》や冬至《とうじ》やクリスマスなどとも考えあわせていくことにより、広く冬祭りの問題の解決につながるであろうとの期待を抱いていた。

図 33　若狭大島遠景（おおい町教育委員会提供）

そして、その柳田の考えていたような先祖を祭る杜という捉え方が行なわれながら、その後、昭和三十九年（一九六四）の和歌森太郎を団長とする東京教育大学の民俗調査団による『若狭の民俗』（一九六六年）の刊行などを経て、一方では地の神であろうという見解が提示されるなどしていったのであった。しかし、結論が出ないまま昭和五十年代以降はニソの杜という呼称だけが記念碑的なレベルで残っていたという状態であった。民俗学に限らないが、多くの研究者が注目する学術的な研究テーマというのは時代とともに変化していく傾向がある。そして、人文科学の場合、未解決で残された問題がありながらそれが放置されたまま、新しい研究の必要性と研究関心が提唱されることも少なくない。そうした中に埋没されてしまいかねなかったのが、この若狭のニソの杜という研究テーマであった。

しかし、平成二十七年度（二〇一五）から三年間の福井県おおい町による調査事業によって、ニソの杜の集中調査が実現し、あらためてその成果が『大島半島《おおしまはんとう》のニソの杜の習俗調査報告書』（二〇一八年）、『大島半島のニソの杜の習俗調査報告書―資料編―』（二〇一八年）、『ニソの杜と先祖祭り』（二〇一九年）の三冊によって公開された。

大谷信雄と二十四の宗家の先祖神

ニソの杜の研究史の上で注目されるのは、他の民俗学の研究対象、たとえば両墓制《りょうぼせい》や宮座《みやざ》祭祀《さいし》のように、外来の研究者の採訪によって発見されたものではなかったということである。

現地の生活者であり、みずからも伝承者であった大谷信雄（一八六六〜一九五七）という人物によって、すでに明治大正期から調査と研究が始められていたことが重要である。大谷信雄は、慶応《けいおう》二年（一八六六）に大島に生まれ、大正元年（一九一二）から大正三年まで大島村の村長をつとめた。また近代の神職《しんしょく》制度が整備される中で島山神社の神主《かんぬし》をつとめた人物であり、熱心な郷土史の研究者でもあった。昭和十三年（一九三八）に大島を訪れた安達一郎をはじめ、昭和十九年の鈴木棠三、昭和二十四年の安間清など、大島を訪れる研究者たちにこの地の歴史や文化、とりわけニソの杜についての解説を親切に熱心に行なった人物でもあった。昭和三十二年に九十二歳の長寿をまっとうしたが、手書きの稿本として残されたのが、『島山私考』（未定稿）と『島山神社記』（和綴じ稿本・一九一六年）であった。そこに記されていたのは、ニソの杜の、「一．浦底」から、「三〇．小森《コモリ》」までの現在と同じ三〇ヵ所の事例情報とそれが二四名の宗家の遠祖をまつるものであるという見解であった。

2　ニソの杜の調査と新知見

あらためて注目された点

平成二十七年度（二〇一五）からの調査とともに試みられた研究史の追跡の結果、これらの点以外にもいくつかの重要なことが明らかになった。その一つが、大谷信雄の見解の背景には、小浜市の八幡神社神宮奉斎所祠官《しかん》の浦谷勗と、若狭の学者山口利右衛門からの影響があったという事実である。大谷信雄の家は島山神社の禰宜《ねぎ》四軒の内の一軒であったが、ニソの杜がニソまたはニエンソとも呼ばれていたことについて、ミソ（御祖）または、ミエンソ（御遠祖）の訛《なま》りなるべしと大谷信雄に説いた人物が、その浦谷勗と山口利右衛門であったと、大谷自身が安間に語っていた。

つまり、近世の平田《ひらた》派国学の影響を一部うけた明治近代の神職制度が整備される中での神道思想の影響のもとで、大谷は島山神社の神職にも就きながら、ニソの杜は先祖を祭る杜であるという解釈を強くしていった可能性が高い。すなわち、ニソの杜が先祖を祭るものだと大谷信雄が解説したその背景には、近代の神道思想からの影響があったということである。

ニソの杜の立地

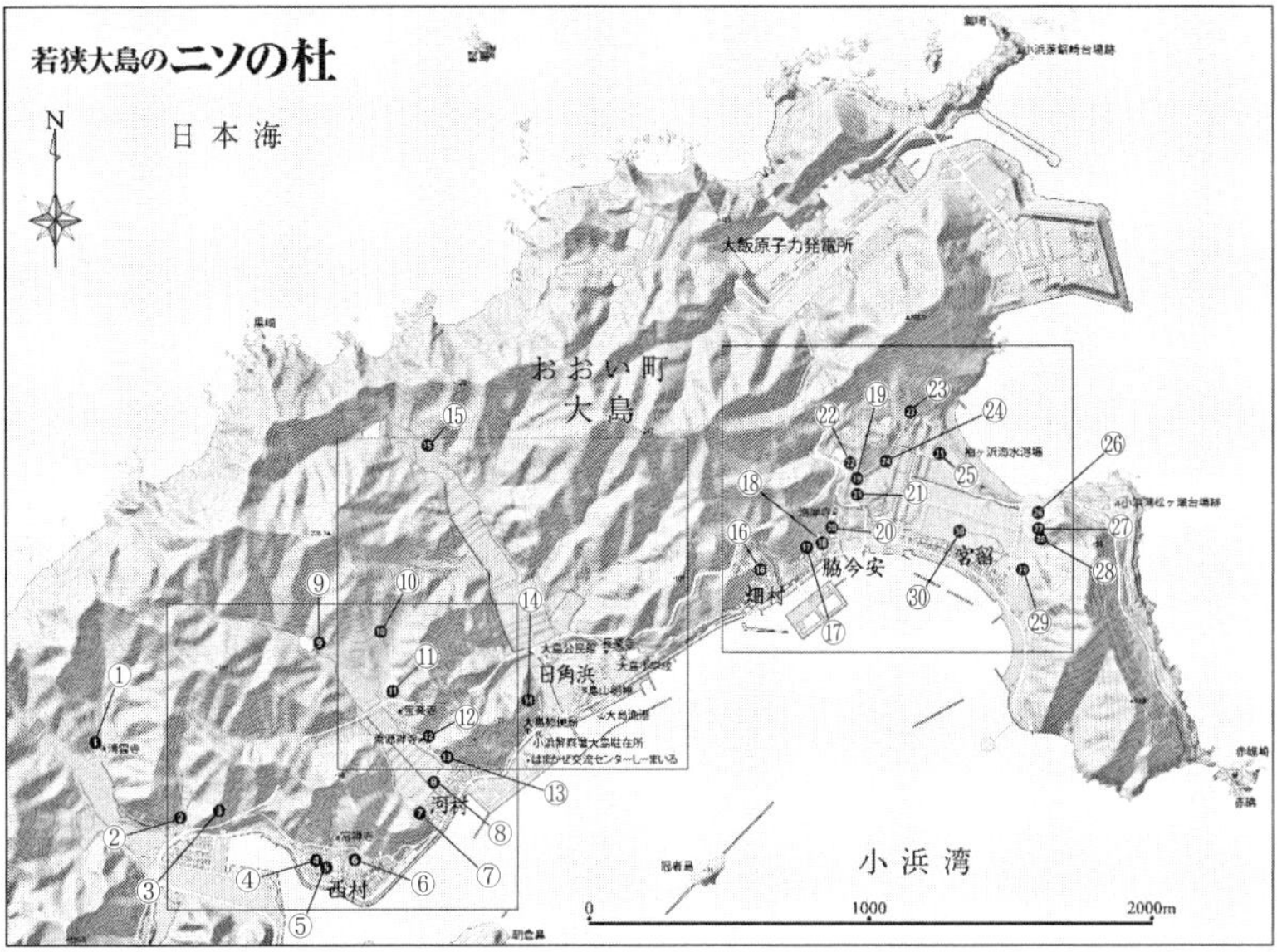

図 34　若狭大島のニソの杜 30 ヵ所（関沢まゆみ「若狭のニソの杜の祭地と水源」2020 年より）

ニソの杜の三〇の事例についての情報を整理しておくと、以下のとおりである。

（1）西村の浦底では、①浦底の杜は、白山神社《はくさんじんじゃ》の右斜め前方にある。②博士谷の杜は、手前の方の集落の東方の山寄せの地にあったがいまは祭られていない。（2）西村では、③瓜生（ウリョ）の杜は、集落から西方に離れた山寄せの地にあり、④西口の杜、⑤中口の杜、⑥サグチの杜は、集落の中にあり、⑥サグチの杜は薬師《やくし》堂《どう》の裏手に近接してある。（3）河村では、⑦ワキジョウの杜、⑧ダイジクの杜、は集落の近くにあり、⑨一の谷の杜、⑩窪の杜、は集落から遠く離れた山の中

図 35　畑村・脇今安・宮留のニソの杜 16〜30（関沢まゆみ「若狭のニソの杜の祭地と水源」2020 年より）

にあり、⑪清水前（シズノマイ）の杜、は宝楽寺の後方の竹藪《たけやぶ》の中にある。⑫ハゼの杜、⑬オンジョウの杜、は集落に近い山寄せの地にある。（4）日角《ひっ》浜《はま》は、西村から宮留まで海岸沿いに東西に長い大島の集落の広がりの中のちょうど中間的な位置にあり、他の地区からの転入戸が多い。そこには古くからは島山神社、長楽寺《ちょうらくじ》があり、小学校や郵便局や公民館や漁協などの公共的な施設が多い。⑭日角浜の杜は、集落に近い山寄せの地にあり、⑮大谷の杜は集落から遠く離れた場所であるが、海岸部から伸びて広がっている耕作地の奥まった場所の山寄せの地にある。そのような耕作地が内陸部に伸びて広がっていった奥の山寄せの地という点では、河村の、⑨一の谷の杜、と共通している。

（5）畑村では、⑯畑の杜が集落に隣接してある。（6）脇今安では、⑰今安の杜、は集落に隣接した場所に、⑱ヲタケの杜、⑳脇の杜、は集落の中にそれぞれある。一方、⑲マタの杜、㉑井上《イガミ》の杜一、㉒井上《イガミ》の杜二、㉓上野の杜一、㉔上野の杜二、はいずれも耕作地と山林との境目の山裾の地にある。（7）宮留は、平地の少ない他の集落とちがい海岸沿いの集落の後背《こうはい》に平地の耕作地が広がっており、八幡神社は明治四十四年（一九一一）に日角浜にある六所神社《ろくしょじんじゃ》（島山神社）に合祀されるまでその耕作地の中に祀られていた。諏訪《すわ》社は現在も耕作地の北方はずれの海岸近くにある。㉕浜禰の杜、は耕作地と海岸との境目にあり、㉖新保の杜一、㉗新保の杜二、㉘神田の杜、㉙ツカネの杜、はいずれも耕作地から山林へという境目の山裾の地にあった。それらに対して、㉚大坪の小杜、は耕作地の中で旧八幡神社の西方の集落に近い地点にある。

神社・寺院・墓の立地

この大島では、神社と小社の立地は集落から外れた地点に多く、寺院と堂宇はやや集落の中か隣接した地点である例が多い。サンマイと呼ばれた埋葬墓地は死穢の場所として強く忌避され遠くはずれた山中や山裾に、石塔《せきとう》墓地のハカはサンマイよりはやや集落に近い山裾に設けられているということが指摘できる。

それに対して、ニソの杜の立地は、（A）集落の中や集落に隣接した地点にある例、①・④〜⑧・

図 36　㉚大坪の小杜（おおい町教育委員会提供）

図 37　③瓜生の杜（おおい町教育委員会提供）

⑫〜⑭・⑯〜⑱・⑳・㉚の例と、（Ｂ）集落から離れながらも耕作地と山林との境目のような山裾や山寄せの地点にある例、②・③・⑨〜⑪・⑮・⑲・㉑〜㉔・㉖〜㉙の例という二つのタイプがあり、耕作地と海岸部との境目にある㉕の例は、（Ｂ）に準じるものといえる。

そして、これらの神社と小祠、寺院と堂宇、サンマイとハカ、ニソの杜というのは、その四つがそれぞれの意味を含みながら、それぞれの論理で立地していると考えられるのであり、それら相互の間に吸引力や反撥力などの関係性や関連性はないとみるのが自然である。つまり、ニソの杜は、他のいずれとも連動しておらず、自立的で自律的にその立地点を得ているといってよい。では、その立地が意味しているところとは何か。それが肝心な点であるが、それについては、祭日や供物などとも関連させて、あらためて考察することとする。

ニソの杜の祭りの維持

表7に整理してあるように、一九六〇年の橋本鉄男の調査の時点と今回の二〇一五〜一七年の調査の時点とではいくつかのちがいがあった。第一に、祭祀の中止や廃絶がみられる。それは②・⑲・㉑・㉒・㉔〜㉙の一〇事例で、脇今安と宮留の事例が多い。

第二に、祭る家の減少がみられる。④・⑧・⑭〜⑱・㉚である。しかし、家の数は減少してもその中の一戸だけでも祭りを絶やさないようにつとめている例も多い。

第三に、複数の家がまだ祭りをつづけている例もある。①・②・⑪である。ただし、注目される重

供物			設え					カラスグチ
アカメシ	シロモチ	藁ヅト	注連縄	御幣	ミテグラ	ゴイシ	海藻	
○2個	×	△藁束	○	×	○	○	×	×
不明	不明	不明	不明	不明	不明	不明	不明	不明
○2個の例 3個の例 5個の例	○同じ数を上に載せる	○	○	○	○	○	×	×
○ 2個	×	△藁束	×	○	○	○	×	×
○2個	○2個載せずに横に置く	△藁束	○	○	○	○	×	×

表7　ニソの杜の祭祀の一覧

	呼称	所在地名	祭祀者	
	大谷		橋本 1960	2017
1	浦底	浦底 西奥	大屋（大谷久次郎） 中屋（中谷長蔵） 森本（森本太兵衛） 平太夫（岩藤平太夫） 新左衛門（石田新左衛門）	①大谷（西村） ②森本（西村） ③中谷（西村） ⑦石田（西村）
2	博士谷	浦底 博士谷	忠大夫（高本忠大夫） 弥左衛門（浜津弥左衛門） 長左衛門（宮内長左衛門） 太郎右衛門（福井太郎右衛門） 井之本（井本蔵之助） 屋敷（屋敷六右衛門）	祭祀廃絶
3	瓜生 （ウリョ）	西村 瓜生	寺戸（寺戸次左衛門） 大屋（上谷三五郎） 上右近（上左近久次郎） 河端（川端寿太郎） 〈母屋株4戸〉 与太夫（時田与太夫） 中屋（中谷久兵衛） 長右衛門（川口長右衛門） 上右近隠居 〈隠居株4戸〉	㊺大谷（河村） ㉙寺戸（西村） ⑧時田（西村） ㊹上左近（河村） 52. 川畑（河村） ㊼中谷（河村）
4	西口	西村 （西口）	〈左一社〉 下西（下西庄左衛門） 仁助（西森仁助） 〈右一社〉 前西（前西長兵衛） 忠大夫（宮本忠大夫） 上佐衛門（河口上佐衛門）	〈左一社〉 ⑫下西（西村） 〈右一社〉 ㉓河口（西村）
5	中口	西村 中口	弥太夫（森下弥太夫）	⑯森下（西村）

○3個	○3個載せず横に置く	パック	○	×	×	○	×	×
○アカシロ2個ずつ藁ヅト2つ	○アカシロ2個ずつ置く藁ヅト2つ	○	○	○	○	○	×	×
○5個	○載せる	○	○	○	○	×	×	×
○数は不明	×	不明	○	不明	不明	×	×	×
○2個	○2個載せずに横に置く	△藁束	○	×	○	○	×	×
○3個の例5個の例	○同じ数を上に載せる	○	○	○	○	○	×	○3個の例5個の例
○5個	○載せる	○	○	○	○	○	×	○5個
○4個	○載せる	△藁束	○	×	○	○	○	○1個
○6個	○載せる	○	×	×	×	×	×	○5個
不明	不明	不明	不明	不明	不明	不明	不明	不明

6	サグチ	西村 サグチ	寺戸（寺戸治座衛門）	㉙寺戸（西村）
7	脇城 ワキジャウ	河村 ワキジョウ	加部秀郷	㊸加部（河村）
8	ダイヂク	河村	新屋（新谷長五郎） 三右衛門（松本三右衛門） 中西（中西久治郎） 元右衛門（植田元右衛門）	㊽新谷（河村）
9	一ノ谷	河村 一ノ谷	橋本（橋本長蔵） 元右衛門（植田元右衛門）	55. 橋本（河村）
10	窪の杜	河村 窪	西村弥太夫（森下弥太夫）	⑯森下（西村）
11	清水の前 スズノマイ	河村 清水前	大屋（大屋三五郎） 友本（友本久次郎） 前助（前田三五郎） 後助（後金次郎） 甚太夫（吉田甚太夫） 中屋（中谷久兵衛）	㊺大谷（河村） ㊼中谷（河村） ㊾友本（河村） ㊿前田（河村） 59. 吉田（河村）
12	ハゼ	河村 ハゼ	中屋（中谷久兵衛） 河端（川端寿太郎）	㊼中谷（河村）
13	オンジャウ	河村 オンジャウ	神主（神野長五郎）	78. 神野（河村） 77. 岡（河村）
14	日角浜 ヒツバ	日角浜	大屋（大谷久兵衛） 仲（仲長蔵） 大道（大道長兵衛） 森之下（森下長兵衛） 下中（下中金蔵）	大谷（日角浜） 祭祀休止 ○森下（日角浜） 祭祀休止・再開
15	大谷 オホタニ	日角浜 大谷	庄司（庄司長兵衛）（畑村） 上本（上本長兵衛）（畑村） 井之本（井ノ本久五郎）（今安）	105. 上本（畑村）

なし	○ 2個	△藁束	○ 2本	×	×	○	×	×
○4個	○載せる	パック	○	×	×	○	×	×
○2個	○載せる	△藁束	○	○	○	○	○ かつてはあった	×
不明	不明	不明	不明	不明	不明	不明	不明	不明
○ 2個	○ 載せる	△藁束	○	○	○	○	○	○
不明	不明	不明	不明	不明	不明	不明	不明	不明
不明	不明	不明	不明	不明	不明	不明	不明	不明
○2個	×	△藁束	○	×	×	○	○	○ 2個

16	畑	畑村	〈左一社〉 太右衛門（坂田太右衛門） 新右衛門（福島新右衛門） 下西（下西八蔵） 〈右一社〉 新屋（新谷久次郎） 後（後久兵衛）	102. 新谷（畑村）
17	今安 イマス	今安	中西（中西清兵衛） 田中（田仲長兵衛） 浜之上（浜上長兵衛） 中禰（中根彦太夫） 中本（中本清左衛門） 小右衛門（大石太助） 井之本（井ノ本駒之助） 通称久兵衛（小西発知之助） 通称太助（中根寅之助）	121. 中本（今安）
18	オタケ	今安 オタケ	中禰（中根彦太夫） 中本（中本清兵衛） 小右衛門（大石太助）	120. 浜上（今安）
19	今安 イマス	今安	田中（田中長兵衛） 中西（中西清兵衛） 中禰（中根彦太夫） 大江（大江久五郎） 上本（上本長兵衛）（畑村） 五郎左衛門（福本五郎左衛門） 日ッ浜大道（大道長兵衛）	祭祀廃絶
20	脇村	脇	大屋（大谷久兵衛） 大江（大江久五郎）	128. 大江（脇）
21	井上 イガミ	脇 井上	糀屋（糀谷長蔵）	111. 糀谷（畑村） 祭祀中止
22	井上	脇 井上	中禰（中根彦太夫）	119. 中根（今安） 祭祀廃絶
23	上野	脇 上野 1	大屋（大谷太兵衛）	127. 大谷（脇）

不明	不明	不明	不明	不明	不明	不明	不明	不明
不明	不明	不明	不明	不明	不明	不明	不明	不明
不明	不明	不明	不明	不明	不明	不明	不明	不明
不明	不明	不明	不明	不明	不明	不明	不明	不明
昭和46年(1971)の写真では○3個	昭和46年(1971)の写真では○3個置く	昭和46年(1971)の写真では○藁ヅト	不明 昭和46年(1971)にはあり ○	不明	不明	なし 昭和46年(1971)にはあり	不明	不明
不明	不明	不明	不明			不明	不明	不明
○3個 昭和46年(1971)の写真では○2個	× 昭和46年(1971)の写真ではあり○載せる	皿 昭和46年(1971)の写真では○藁ヅト	× 昭和46年(1971)にはあり	×	不明	× 昭和46年(1971年)にはあり	不明	○ 3個

24	上野	脇 上野 2	太右衛門（坂田太右衛門）（畑村） 糀屋（糀谷長蔵）（畑村） 大屋（大谷太兵衛）	祭祀廃絶
25	ハマネ	宮留 濵禰	中屋（中谷三之助） 小西（小西福助） 助大夫（宮代六之助）	135. 中谷（宮留） 休止
26	新保 シンポ	宮留 新保	弥助（常木弥助） 弥左衛門（松本弥左衛門） 中間（中間左兵衛） 仲太夫（網谷仲太夫）	138. 常木（宮留） 祭祀廃絶
27	新保	宮留 新保	中間（中間太兵衛）	150. 中間（宮留） 祭祀廃絶
28	神田 ジンデン	宮留 神田	小西（小西福松）	148. 小西（宮留） 祭祀廃絶
29	つかね	宮留 ツカネ	中間（中間太兵衛）	150. 中間（宮留） 祭祀廃絶
30	小森 コモリ	宮留 大坪	前名太郎太夫、 後名治郎太夫（藤井治郎太夫） 太郎右衛門（扇谷太郎右衛門）	147. 藤井（宮留）

要な点は、複数の家といってもそれぞれの家が年ごとに順番で戸別に独自のやり方で祭っているという点である。供物のアカメシとシロモチの数も祭る家によって三個であったり五個であったりするのである。つまり、共同祭祀ではないのである。計三〇事例のうち一〇事例が中止や廃絶となっているが、残りの二〇事例はまだ祭りを絶やさないように続けている。

杜と景観

杜の景観は文字通りこんもりとした杜で、その多くがタブノキの巨木を目印に椎の木やツバキや孟宗竹林が集まっており、巨木の根元に小さな祠が設けられている例が多い。

長年のうちにはタブノキの老化も進むが、その古株から新たな芽が出て成長もしている（今井　二〇一八）。タブの木は成長が早いのがその特徴である。

祭　日

旧暦霜月二十二日から二十三日に日付が変わる夜陰、浄闇のなかでひそやかに家の夫婦か親子だけでお参りする。手を合わせるだけで柏手《かしわで》は打たず、祝詞《のりと》や祭文《さいもん》など唱《とな》え言《ごと》は一切ない。この祭日以外は杜に決して近づいてはいけない。樹木の伐採や枝葉の片付けもしてはならない。この禁忌《きんき》をおかすと怪我をしたり、病気になるといい、そうした例も語り継がれている。

安間清や橋本鉄男が当時の様子を報告しており、まだ暁烏《あけがらす》が鳴かぬうちにお参りするというのが基本であった。それは柳田國男が注意を促していたように、冬至の時季に当たる日付である。冬至をめぐっては、後には一陽来復《いちようらいふく》の信仰が流通してくるが、それ以前から太陽の陽光の再生への祈念の行事がさまざまに伝承されてきたことは、たとえば鍛冶《かじ》の民俗伝承の中でも注目されてきているとおりである（黒田　二〇一八）。

冬至の祭りや行事の中で、小豆飯《あずきめし》の赤色や柚子《ゆず》や蜜柑《みかん》など柑橘類の黄色が、恵み深い太陽の陽光へのあこがれとその類似連想の中に伝えられてきている。ニソの杜の祭りにおけるアカメシ（小豆飯）という供物には、それが米飯であるとともに、赤い色であるということに、重い意味が託されているものと考えられる。つまり、ニソの杜のアカメシ（小豆飯）シロモチ（粢《しとぎ》）という供物の組み合わせには、基本的に稲の収穫への感謝と祈りという意味とともに、その稲を育てる太陽の再生と循環永続を願う意味が込められていたと考えられるのである。

装　置

ニソの杜のタブノキの巨木の根元にある小祠への設えの基本は、注連縄《しめなわ》、御幣《ごへい》一本、ミテグラ一二本、添の浜もしくは袖《そで》の浜から採取してくるきれいなゴイシ、そして海藻、という組み合わせである。注連縄の藁《わら》もアカメシ（小豆飯）とシロモチ（粢）を容れる藁ヅトと同じく、かつてはニソ田で稲とともに収穫された藁を用いた。ミテグラ一二本は、一年一二ヵ月をあらわしており、小祠の左右に半年分六本、計一二本を束ねて立てておく。閏年《うるうどし》には一三本立てる。そうして、ニソの杜の祭場は一年に一度だけきれいに清められた場所とされるのである。

図38　ニソの杜の小祠とカラスグチ

そして、小祠の近くでそれとは別に同じく供物のアカメシとシロモチを供えるのがカラスグチである。カラスなどがその供物を早く食べればよいと言い伝えている。それがいまも設けられているのは⑪〜⑭・⑳・㉓・㉚であるが、供物をカラスや野犬などに食べられるのをオトがアガルといって喜ぶ。ニソの杜で祭る神に供物を快く受け取ってもらえたどうかを気にする神祭りの古い意識がそこにはうかがえる。二十三日の朝のうちにオトがアガッた例を筆者も何度か実見している。

供物

供物の基本はアカメシ（小豆飯）とシロモチ（粢）である。アカメシには、小豆飯（煮た小豆と粳米を混ぜて炊く）と赤飯《せきはん》（煮た小豆と糯米を蒸す）とがあるが、小豆飯の方が古く、赤飯が新しいと考えられる。

小豆飯の例は①・④の二例で、赤飯の例は③・⑦〜⑨・⑪〜⑭・⑰・⑱・⑳・㉓・㉚の一三例である。もとは小豆飯だったが、握りやすくくずれないようにするために赤飯に変えたという例が⑤・⑩

の二例である。そして、小豆よりも古いかたちを伝えていたのが、もとはササゲを使っていたという⑬の例である。現在は小豆と糯米で赤飯となっているが、「セキハンは自前の田から収穫したもち米とササゲ（ささげ豆）から作る。ササゲは色が良く染まるが灰汁《あく》を取ったり、冷めないともち米が悪くなるなど手間《てま》がかかるため、小豆を使うこともある。ササゲは前日に洗い、水に入れて一度沸騰させ、灰汁をとる。ゆで汁を冷まし、色をつけるためにもち米を浸す。翌日、ゆで汁と一緒に炊く」とのことである（今石　二〇一八）。アカメシの赤い色の食材はもともと古くは小豆よりも素朴なササゲであった可能性がある。

そのアカメシと一緒に供えられるのがシロモチである。同じ報告書の⑬の例についての八三頁の説明で、「シロモチは米少々を四時間くらい水につける。その後、スリコギですりつぶし、水を混ぜて練る。米だけだと柔らかくなりすぎる場合があるため、現在は小麦粉を少し混ぜている」とあるように、米を水につけて柔らかくしたものをすり鉢などで粉状にして、水で練って餅《もち》のようにのばしたものであり、シトギと呼ぶのが古くから一般的である。そのようなシトギが古くからの米の神饌《しんせん》のかたちであったということを早くに指摘しているのは、柳田國男である（柳田　一九三八）。柳田によれば、シロモチという呼称も古いもので、現在も各地に残っており、この米を粉にして水で練ってつくるシトギ、シロモチが日本の古い晴れの日の食物であり、のちに人間の好みが変わって食べなくなってからも、神社の祭礼や普請の棟上げ式や葬式などには調製されているのは、神や先祖には古式のものを残したのであろう、それがいまも各地の神饌や供物のシトギ、シロモチの風習であろう、とのべている。筆者の調査事例でもシトギの例は少なくないが、たとえば古風な神事の例としては、安芸の宮島の名前で知られる厳島神社《いつくしまじんじゃ》の御島廻り式《おしまめぐりしき》の中の御鳥喰神事《おとぐいしんじ》の神饌がシトギであった（新谷　一九八七・二〇〇〇）。このニソの杜の供物のシロモチも古い神饌のかたちを伝えている例の一つといえる。

古くはニソの杜に付属しているニソ田の収穫物である稲米と稲藁を供物の中心としてきたが、しだいにニソ田が耕作されなくなり、近年は祭りの当番の家の水田から収穫される稲米と稲藁が使われている。それは大飯《おおい》原子力発電所の誘致が昭和四十四年（一九六九）に町議会で決議され、その一〇年後の昭和五十四年から営業運転を開始するに向けての青戸大橋《あおとのおおはし》の架橋や道路建設、海岸部の埋め立て工事、圃場《ほじょう》整備などの土地改良工事等々にともなう大きな環境変化や社会変化の中でのことであった。

3　ニソの杜祭祀の特徴

新嘗祭とにへの忌み

以上のようなニソの杜の祭りをめぐる伝承事実から、帰納的に導かれる結論とは何か。これまでいろいろと論じられてきたニソの杜で祭られてきている神とはどんな神なのか。その点についても、自然とその結論が導かれてくる。以下、結論を示しておく。

ニソ田の耕作とその収穫への感謝と祈念の祭りである。実際に稲が収穫される旧暦九月という時季ではなく、霜月二十二日から二十三日への未明の夜陰の浄闇《じょうあん》のなか、ひそかに杜の神に稲米への加工を加えたアカメシとシロモチを藁ヅトに入れて供えている。それは、稲の収穫の祭事の典型例であるところの伊勢神宮の天照大神へ新穀を捧げる九月の神嘗祭と、それに対する天皇の霜月中卯日の新嘗祭という関係と比較すれば、ニソの杜の祭りは、天皇の新嘗祭に通じる祭事であるといえる。その天皇の新嘗祭については、天皇が新穀を嘗める儀式と解釈され、それに続く辰巳日の豊 明 節会《とよのあかりのせちえ》と連動して、収穫感謝の神事と群臣直会《なおらい》の祝宴というかたちで、広く理解されてきている。しかし、折口信夫の新嘗の理解を参照してみると、もう一つの別の重要な見解が示されていることがわかる。折口は、「新穀を召し上がるのを、新なめとは言へない。なめるという事には、召食《メシアガ》るの意味はない。日本紀の古い註を見ると、にはなひという事が見えて居る。万葉集《まんようしゅう》にも、にふなみといふ言葉があり、其他にへなみと書かれた処もある」といい、「にはなひ・にふなみ・にひなめ・にへなみ、（中略）此四つの言葉は、にへのいみといふことで「のいみ」といふことが「なめ」となったのである。結局此は、五穀《ごこく》が成熟した後の、贄《にえ》として神に奉る時の物忌・精進の生活である事を意味するのであろう。新しく生ったものを、神に進める為の物忌み、と言ふ事になるのである」とのべている（折口　一九二八）。つまり、この折口の「にひなめ」の理解を参考にすれば、このニソの杜の祭りが、新穀感謝への人びとの素朴な「にへの斎《いみ》」であったことがわかるのである。ひそやかに自分たちだけでお参りする、柏手も打たない、唱え言葉もない、箸《はし》などない、素朴な杜の神への厳粛なお供えとおまいりとして伝承されてきているものなのである。

氏神の島山神社と地区ごとの小社とニソの杜

ここで、あらためてこの大島の神社と小社とニソの杜の関係について整理してみる。大島全体の氏神とされているのは日角浜にある島山神社である。古くは六所明神《ろくしよみようじん》と呼ばれており、明治四十四年(一九一一)十月に島山明神と改称されたという。その直前の明治四十四年六月には、宮留に祭られていた八幡社《はちまんしゃ》がこの島山明神に合祀されている。境内には末社《まつしゃ》の稲荷社、恵比寿社、厳島社のほか、余《よ》永神社《ながじんじゃ》が祭られている。余永神社はもと宮留よりさらに東端の赤礁崎《あかぐりさき》にあった影長神社がここに移ってきたものと大谷信雄は「島山私考」に記している。しかし、史実は不明である。

祭り手と祭日

氏神の島山明神には八軒のネギ(神職の資格としての禰宜とは別)と呼ばれる家があり、島山明神系の四軒と八幡社系の四軒である。そのような民俗信仰の中に伝えられている存在としてのネギが中心となって、大島全体の宮留・今脇安・畑村・日角浜・河村・西村・浦底の七つの集落が参加するのが、春秋《しゅんじゅう》二回の彼岸《ひがん》、秋の例大祭(十月二十日)、新嘗祭(十二月十日)の四回である。それ以外の祭りがコマツリと呼ばれている七つの祭りである。いずれも旧暦の元旦、正月十日、三月三日、五月五日、七月七日、九月九日、霜月十日に行なわれている。これら七つのコマツリは、ネギも含めて一八軒が祭り手となって二軒一組で一年交代の輪番で祭っている。いずれもその供物を奉納するための稲米を作る祭り田が定まっているというのが基本である。現在はもう混乱しているが島山明神系の四軒のネギは旧七月七日のコマツリを担ってきており、その四軒が名義上で所有している四つの祭り田を一年交代で耕作していた。ただ、八幡社系のネギの四軒についてはすでに古い情報を確認できない状況である。それ以外の、宮留の諏訪社は旧東村（宮留・脇今安・畑・日角浜）の長百姓《おさびやくしよう》といわれた六軒が祭っていて祭日は旧七月十八日であった。日角浜の沖合《おきあい》にある冠者島《かじやじま》の弁財天社は河村の長百姓といわれた四軒が祭っていて祭日は旧六月十五日であった。浦底の白山《はくさん》社は浦底の五軒で十一月五日と大晦日に祭っている。そこで、祭日からいえば二つのタイプがあり、氏神の島山明神と八幡社は正月、九月、霜月がセットであり、余永神社と白山社とニソの杜は霜月ということが指摘できる。

供物

供物からいえば、島山明神と八幡社と余永神社の大祭の正月、九月、霜月の祭祀では餅とシロモチであり、島山明神のコマツリの三月、五月、七月の節供ではアカメシである。冠者島弁財天と諏訪社と白山社もアカメシである。ニソの杜の供物がアカメシ（小豆飯）とシロモチ（粢）であるのに対して、島山明神では大祭ではシロモチに餅が加わっており、コマツリではアカメシとなっている。

ニソの杜は小社や氏神と連結しておりもっとも素朴な神祭りの姿を伝えている

以上のような、この大島の神社や小社やニソの杜の祭り方を整理してみて指摘できることは、以下の三点である。

①祭り手については、ニソの杜が個人ごとに自主的で独立的であるのに対して、島山明神や八幡社ではネギ（禰宜）という特定の職分ができており、彼らが祭り手の中心となって共同祭祀のかたちをとっている。そして、大祭やコマツリという年間で数の多い祭りでは一八軒の祭り手も参加している。諏訪社や弁財天社では特定の長百姓が祭り手となっている。つまり、祭り手の職分化と特権化とがみられる。

②供物については、ニソの杜がアカメシとシロモチを基本としているのに対して、島山明神や八幡社や余永神社では大祭ではシロモチも残しているが餅が主要な供物となっている。島山明神でもコマツリではアカメシであり、諏訪社や弁財天社や白山社でもアカメシである。つまり、素朴な供物のアカメシとシロモチに対して、島山明神や八幡社や余永神社の大祭では新たな供物として餅が加わってきているのである。

③祭日については、ニソの杜は霜月二十二日、二十三日の冬至の日であるが、島山明神と八幡社の大祭は霜月以外にも正月と九月を加えて年間に三回であり、余永神社と白山社とはニソの杜の祭日にも似て霜月の冬至の日近くである。

つまり、これらから指摘できる結論とは、新穀の収穫感謝の新嘗にへのいみの祭りとしての伝承の基本は、ニソの杜の祭祀に伝えられているということである。そして、氏神とされている島山明神の祭祀では制度的に整備されてきている形式がみられる。小社の諏訪社や白山社や弁財天社の祭祀ではその整備の過程の中間的な祭祀の形式がみられる、ということである。ニソの杜は孤立した祭祀ではなく、それこそが素朴な段階での稲作の祭りの基本を伝えているのであり、長い歴史の積み重ねの中で、その延長線上に郷村の小社や氏神の祭祀が展開していると、位置づけることができるのである。

カラスグチと鳥居

また、カラスグチの伝承には、自然と杜の神からの神意をうかがうという意味が込められている。拍手も打たない、唱え事もない、ただ慎み深いかたちでの神へのお供えである。そのお供えを受けてもらえるかどうか、ぶじにカラスが食べる、つまりオトがアガれば、神さまに受けてもらえたと安堵《あんど》し喜ぶ、という祭り方である。

図39　御烏喰神事『日本の神々と祭り』2006年より

　この方式は、広く日本各地の神社の神事や祭礼で伝承されているものであり、安芸《あき》の厳島神社の御島廻り式と御鳥喰神事や、尾張《おわり》の熱田神宮《あつたじんぐう》の御田神社《みたじんじゃ》の鳥喰いの神事、近江《おうみ》の多賀大社《たがたいしゃ》の先食台《せんじきだい》をはじめ、数多くの事例が伝えられている。そして、神社に限らず家ごとの年中行事として伝えられている例も、御鳥喰いとか烏勧請《からすかんじょう》などと呼ばれて、東北地方から九州地方に昭和三十年代まで日本各地で広く多く伝えられてきていた。筆者がかつて収集した報告事例情報は一六九事例であった（新谷　一九八七）。実際には、もちろんそれ以上に多く伝承されていたものであり、祭る人間が神にその祭りを受けてもらえるかどうかを知りたいという願いがそのような祭り方をはじめた動機であり、ニソの杜のカラスグチもそのような事例の一つと位置づけられる。

　ただし、今回のこの大島のニソの杜の共同調査によって、あらためて発見された仮説がある。それは、島山神社や諏訪社の鳥居《とりい》の根元にもシロモチが供えられていたのをこの目で見たときに着想した仮説である。ニソの杜ではそのタブの木の根元や小祠に供えられるアカメシとシロモチと同じように、カラスグチにもアカメシとシロモチを供えて、オトがアガるのを期待するが、それと同じことが島山神社の祭りでも、諏訪社の祭りでも行なわれているのである。それは、厳島神社、熱田神宮や多賀大社の鳥喰いの神事に共通するものであり、そこから、鳥居の原義が見えてくるのである。鳥居はカラスグチの発展成長したものであろうという仮説である。逆にいえば、安芸の宮島は巨大なニソの杜でもある、という神祇祭祀の祭祀構造の上での共通点が浮上してくるのである。ニソの杜の祭りは、原初的な神祭りの方式を伝えているものといってよい。

考古学からみた鳥居

ただし、学際研究の観点からして興味深いのは、鳥居についてはすでに考古学の金関恕氏の有力な説が提示されていることである（金関　一九八二）。金関氏は、大阪府和泉市の池上遺《いけがみい》跡《せき》から出土した六個の鳥型木製品についての考察から、広く東アジア考古学についての該博な知識を駆使しつつ、杵《しょ》頭《とう》に木の鳥をつけて祭場に立てる鳥杵習俗の存在を想定して、それが初期的な農耕社会の祭儀のかたちであったと論じている。

図 40　鳥型木製品（金関恕・佐原眞編『弥生文化の研究　第 8 巻　祭りと墓と装い』雄山閣，1996 年より）

その金関氏の視点は、飛翔する鳥という点に集中しており、そこから死者の霊を送る運搬者と、神霊の来臨の運搬者という両者を想定している点にその特徴がある。それは貴重な視点であり普遍性を有するものと考えるが、ただしここで民俗学の視点から考えている鳥居の解読というのは、金関氏の視点とは異なる。現世から飛翔して飛び立つ鳥という点にではなく、野生の鳥がやってきて供物を啄《つい》ばむことを期待している習俗であるという点にある。東アジアに分布するといわれる鳥杵習俗が、日本の神社の鳥居とどのように関係するのかは、民俗学と考古学の今後の検討課題であろう。少なくとも現時点では、上記で論じたように鳥喰《とぐ》いの民俗伝承から神社の鳥居の意味を、神意をうかがい知るための装置としての意味があると論じておくことにする。

水源に祭られているニソの杜

ニソの杜の立地についての追跡から、二〇一九年春の段階で指摘できたのは次の二つの見解であった。その一つ、山裾など耕作地と山林との境界的な場所に祭られているタイプについては、古典的なC・レヴィ＝ストロースの「人間の文化の領域」とそれを取り囲む「自然の野生の領域」との対応関係という構図であった。

もう一つの、集落の内部にあるいは近接して祭られているタイプの事例については、集落が形成される中でも、タブの木の巨木や榎《えのき》の巨木、椿《つばき》の樹勢、竹林の繁茂などに、自然の威力や生命力を感じて、それを畏敬し犯すなどしなかった人たちの歴史がそこにあったと論じた。しかし、それは抽象的な解釈に過ぎないことがまもなく反省されることとなった。

その後、関沢まゆみ氏の追跡調査により、まず山裾など耕作地と山林との境界的な場所に祭られているタイプの、⑮大谷の杜や⑨一の谷の杜が農業用水の貯水池の水源近くに祭られていることが明らかとなったのである。宮留の観音堂《かんのんどう》の裏手の山の斜面にある㉘神田の杜も水源地に立地しており、そこから水田の用水としての湧水が流れ出ている。その他、⑲・㉑〜㉔・㉖〜㉙のいずれの杜も、耕作地の農業用水の水源の近くであるということが現地で確認された。

そしてその一方、集落の内部やすぐ近くに立地しているニソの杜についても、⑰今安の杜は明らかに生活用水の湧き出る水源近くに祭られていることが確認された。その井戸は、昭和四十年代に大島に上水道が普及するまでは、近隣の一五軒の家々が共同で利用してきたものであった。水はいまでも湧き続けて池になっており、少しずつ流れ出ている。その他にも屋敷近くで井戸の近くに祭られている杜の例は、⑦脇城の杜である。また、⑪清水の前の杜は、橋本鉄男の調査の時点ではその前の畑に古井戸があったことが確認されている。そして、この⑪清水の杜の場所から河村の東の集落へと下っていく谷筋の西側の山裾に祭られているのが、⑫・⑬の杜である。いずれも谷筋の水の流れに沿って立地しており、地元の人からもたしかに谷筋の水の流れに沿っているとのことである。それは農業用水というよりは生活用水であったと考えられるというのが関沢氏の結論であった（関沢　二〇二〇）。

ニソの杜の神

では、ニソの杜の神とはどんな神なのか。その問題についての最終的な結論は、自然の霊威力である、自然の霊威力という神である、という結論である。若狭大島の人たちが、その幾世代もの生活の歴史の積み重ねの中で、畏れ、敬い、祈り、感謝をささげてきた杜に宿る神である。それは水源に祭られてきた神であり、水田と稲米の稔りをもたらす神であるとともに、人びとの日常的な飲食の生活を日々支えてもらってきた神である。その水源と聖樹に表象されている自然の霊威力が、その神の基本であり、これまでの知識人や研究者たちの思考と解釈の上での、地の神や、先祖神や、その他、大島の現地での神仏信仰の教義の中での荒神《こうじん》や大聖権現などというのは、いずれもあとから書き加えられてきている説明であり、たとえていえばパソコン履歴の上での上書き保存データのようなものなのである。

神祇祭祀の基本と伝承

以上、大きな存在としての伊勢神宮や出雲大社からこの小さな名もないような若狭大島のニソの杜まで、日本の神社の起源と歴史を追跡してきた結果わかったこととは何か。それは死を発見してしまった人類にとって、自然の霊威力への畏敬と祈願とがさまざまな信仰を生み、その中で日本の神祇祭祀も自然の霊威力への畏敬と祈願がその基本にあるということである。

ただし、それが祭り手としての人間の意味づけの歴史の中で、伝承と変遷を積み重ねてきているのであり、伊勢神宮や出雲大社から、郷村の氏神や鎮守の神社、そして磐座や禁足地や聖樹を斎地とするかたちまで、すべてつながっているということである。磐座祭祀や水源祭祀の伝承はいまでもたとえば京都の貴船神社《きぶねじんじゃ》や松尾大社《まつのおたいしゃ》、近江の日吉大社《ひよしたいしゃ》をはじめ日本各地にそれこそ数多く存在している。それぞれの祭り手という人間の立場からの意味づけによって多様な形態と方法を歴史的に現出させてきているのであり、現在のその形態の多様性はただ無秩序の中にあるものではなく、歴史的にみて、磐座祭祀や聖樹祭祀から、禁足地祭祀へ、社殿建立祭祀へ、という歴史的な神社の変遷史の情報を発信しつづけている一定の秩序性の中にある多様性なのである。

神社の多様性が意味すること　エピローグ

本書では、数多くの指摘を行なった。その中のいくつかの要点を記しておくならば、以下のとおりである。

神社は漢語である、和語ではない。その神社の語が使われるようになる早い例は、律令制下の神亀《じんき》二年（七二五）の詔や、宝亀《ほうき》八年（七七七）の太政官符である。古くからの和語としては、宮《みや》と社《やしろ》が使われていた。宮は、一つには大和《やまと》王権にとって重要と位置づけられた神の宮、もう一つには天皇や皇后をはじめ皇族の住む建物の宮という意味であった。それに対して、社は、人間の住まいではなく、自然の神、神霊をまつる場所、もしくは建物という意味で用いられていた語であった。折口信夫《おりくちしのぶ》は、御屋《みや》と屋代《やしろ》という字をあてて解説している。

神社の起源と稲の祭り

日本の神社の起源は、「稲の王」である天皇の祈年祭と新嘗祭など豊作祈願の神祭りの対象の定置にあった。そのもとは、古墳時代の日本各地の「稲の王」たちが、磐座《いわくら》・禁足地・聖樹などを目印として、神籬《ひもろぎ》、注連縄《しめなわ》、仮設の宮や社、を設けてまつるかたちであったと考えられる。しかし、日本の神社の起源といえば、あくまでも統一的な王権である天皇の稲の祭りがその原点であり、起源である。時代的にいえば、天皇の出現の時期である四世紀中期頃と考えられる。日本の神社の歴史は、天皇という王権と密着しながらその延長線上にあるのである。

なお、長野県の諏訪《すわ》社の御頭祭《おんとうさい》や御射山祭《みさやままつり》、宮崎県山間部の椎葉神楽《しいばかぐら》や銀鏡神楽《しろみかぐら》における鹿肉や猪《いのしし》肉の神饌《しんせん》の例などの伝承からは、日本の神事祭礼が稲作だけでなく狩猟にも関係する収穫感謝の祭りでもあった歴史が重層している点にも注意する必要がある。しかし、それらは神社祭祀の中に狩猟の祭りの要素が混在しているかたちであり、日本の神社の祭りが、天皇の稲の祭りを基本として、その歴史を刻んでいることに変わりはない。

律令神祇祭祀の形成と展開

律令神祇祭祀の形成は、六〇〇年の遣隋使派遣による文化衝撃を起点としていた。それは沖《おき》ノ島遺《しまい》跡《せき》の二二号遺跡出土の金銅製紡績具や金銅製人形などが神宮祭祀や大祓《おおはらえ》の神事に通じる祭具であることから指摘できる。

律令神祇祭祀の整備は、天皇のシャーマン shaman 的な性格からの脱却と、イミビト imibito 的な性格からの脱却と洗練の実現であった。シャーマン shaman 的な天皇の役割の、代役としての職掌として整備されたのが、神祇伯《じんぎはく》が管掌する御巫《みかんなぎ》や卜兆《ぼくちょう》の職掌であった。伝統的な天皇の属性としての聖なる「忌人 imibito」としての機能の、代替的な職能と儀礼として整備されたのが、散斎《あらいみ》・致斎《まいみ》と大祓という儀礼とその奉仕であった。

伊勢神宮と出雲大社の創祀

伊勢神宮創祀の歴史は古いが、その最終的で画期的な時点とは、天武の皇女《こうじょ》、大伯皇女《おおくのひめみこ》（大来皇女）が、天武二年（六七三）四月に泊瀬《はつせ》の斎宮《さいぐう》に籠もり、翌年十月九日に伊勢《いせ》へと出発した時点である。伊勢神宮の内宮《ないくう》はおよそ北緯三四度二七分、外宮《げくう》はおよそ北緯三四度二九分に立地しているのに対して、持統《じとう》天皇が造営した新益京《しんやくのみやこ》の大極殿の土壇はおよそ北緯三四度三〇分である。神宮の天照大神が宮都の持統天皇のまつりごとを守る、という体制を創出したのであった。

二〇年ごとの遷宮《せんぐう》は、天照大神の御正体の神鏡の、二〇年ごとの東西軸の往復運動であり、動き続ける神としての性格を伝えている。それは同時に、中国的な王権の南北軸で造営された新益京と対応して伊勢神宮も南北軸で創建されているが、伝統的な稲の王としての天照大神と皇孫《こうそん》の天皇にとっての太陽の運行に沿う東西軸の往復運動の継続の表象である。

出雲大社の祭祀の原初を表象する祭具は、弥生時代の翡翠《ひすい》の勾玉《まがたま》と青銅器の祭具（銅鐸《どうたく》・銅戈《どうか》・銅《どう》矛《ほこ》・銅剣《どうけん》）であり、その淵源は古い。しかし、出雲大社の巨大な社殿の造営は六世紀半ばの欽明《きんめい》朝であった可能性が高い。

古代の神社祭祀の段階差を示すその多様性

古代の沖ノ島遺跡や三輪山《みわやま》遺跡《いせき》のほか、現在でもたとえば三重県熊野市の花窟神社《はなのいわやじんじゃ》や大阪府交野市《かたのし》の磐船神社《いわふねじんじゃ》など日本各地に存在するのが磐座祭祀という形式である。また、近世以前までみられた石《いその》上神宮《かみじんぐう》のような禁足地祭祀という形式もあり、伊勢神宮の遷宮や信州の諏訪神社《すわじんじゃ》の御柱祭《おんばしらまつり》のように社殿や柱が祭祀の中で更新されるいわば動態祭祀という形式もある。出雲大社のように岩根柱を中心に不動の姿勢で継続される社殿祭祀というような形式もある。

そのような神社祭祀の形式の多様性については、神社の設営と祭祀が日本の歴史の中で経験してきた段階差を示す歴史情報として読み取り比較研究する方法が有効である。神社の歴史の中には伝承と変遷という二つの動態が刻まれているのであり、たとえていえば、パソコンデータの上書きと消去の繰り返しである。ただ、歴史上かつていったん上書きされたデータは永遠に消去できないところに伝承の特徴がある。民俗伝承学はそこを見逃さないのである。

春日社の変遷

春日社《かすがしゃ》の祭地は、天平勝宝《てんぴょうしょうほう》八年（七五六）「東大寺山堺四至図」に御蓋山《みかさやま》とその山麓の「神地《しんち》」と注記された頃には、春日神を祀る神域はあったがまだ社殿はなかった。社殿は、神護景雲《じんごけいうん》二年（七六八）に御蓋山の山腹に左大臣藤原永手《ふじわらのながて》が創建したという伝えが古い。春日社の祭神《さいじん》は、『続日本紀《しょくにほんぎ》』の宝亀八年（七七七）の藤原良嗣《ふじわらのよしつぐ》の病気平癒を祈った段階では、常陸《ひたち》国の鹿島神《かしまのかみ》と下総《しもふさ》国の香取神《かとりのかみ》の二神であった。しかし、『続日本後紀《しょくにほんこうき》』の承和《じょうわ》三年（八三六）の藤原常嗣《ふじわらのつねつぐ》の航海安全祈願の段階では、鹿島神と香取神に加えて天児屋命《あめのこやねのみこと》と比売神《ひめがみ》という四柱大神《よはしらのおおかみ》へと変わっていた。そして、氏神の意味が氏族の守護の神から先祖の神へと展開していた。

式内社と二十二社

律令神祇制下での神社の体制は、『延喜《えんぎ》式《しき》』神名帳《じんみょうちょう》に載せられている式内社《しきないしゃ》を基礎とするかたちであった。その数からみれば、畿内《きない》六五八座と天皇王権の基盤的な範囲に多く、それ以外では、陸奥《むつ》が一〇〇座と圧倒的に多い。北陸道《ほくりくどう》の若狭《わかさ》四二座、越前《えちぜん》一二六座、加賀《かが》四二座、能登《のと》四三座、山陰道《さんいんどう》諸国の五六〇座、西海道《さいかいどう》の壱岐《いき》二四座、対馬《つしま》二九座、というその多さが注目される。つまり、畿内の安穏祈願、蝦夷《えぞ》征討、朝鮮半島に対する防衛と安全保障、という配置がその特徴であった。

それに代わる平安祭祀制下では、王城鎮守としての二十二社、国鎮守としての一宮《いちのみや》という体制が成立していった。その中で、古来の式内社ではない祇園《ぎおん》八坂神社《やさかじんじゃ》や石清水《いわしみず》八幡宮《はちまんぐう》への信仰が高揚していった。

氏神・鎮守が示す歴史の動態

氏神と鎮守という観点の事例研究として、和歌山県の隅田《すだ》八幡宮《はちまんぐう》がもともと中央の権門寺社にとっての荘園鎮守社として創立された神社であったのが、中世には在地武士の隅田党《すだとう》の氏神へと変化し、近世には農村の村人の氏神へと変遷する動態が追跡された。そして、旧来の放生会《ほうじょうえ》や流鏑馬《やぶさめ》や宮座《みやざ》の喪失と、新たなだんじり屋台の登場、また祭日の旧暦八月十五日の放生会から新暦十月十五日の秋祭りへという伝承と変遷の動態も追跡された。

郷村や町場を含む日本各地の地域社会では、氏神や鎮守の神社が祭られているだけでなく、それ以外にも大中小さまざまな神祇が神社や小社や小祠また巨岩や大樹《たいじゅ》や聖別される杜《もり》などのかたちで信仰の対象となっている。それらを一まとまりのものとして把握し比較していくという方法の有効性を示した。そして、そのような神祇の多様な存在形態とは、日本の神社がたどった過去の歴史の一コマずつをあらわしているものだということを指摘した。

私たちの眼前にある日本各地の神社の大小さまざまな多様性というのは、無秩序な乱雑な多様性ではなく、秩序ある多様性であるということ、それは日本各地の神社がそれぞれ歩んできた歴史的な変遷の過程を刻んでいる歴史情報であるということ、を指摘した。それは、たとえていえば、前述のように消去されたパソコンデータが残っているような状態である。伝承と変遷の中にある歴史世界というのは、消去しても消去されないデータが残存する世界なのである。だからこそ、民俗学つまり民俗伝承学が歴史科学の一端を担うことができるのである。

参考文献

第1章

石野博信　二〇〇一『邪馬台国の考古学』吉川弘文館
石野博信　二〇〇八『邪馬台国の候補地　纒向遺跡』新泉社
今村明恒　一九四一『鯰のざれごと』三省堂
井上光貞他編　一九七六『律令』（日本思想大系）岩波書店
長田夏樹　二〇一〇『新稿　邪馬台国の言語―弥生語復元―』学生社
折口信夫　一九二九「民間信仰と神社と」『神道講座』二（『折口信夫全集』二〇巻、中央公論社、一九五六所収）
折口信夫　一九四六「女帝考」『思索』第三号（『折口信夫全集』二〇巻、中央公論社、一九五六所収）
折口信夫　一九五〇「神々と民俗」神宮司庁講演筆記（『折口信夫全集』二〇巻、中央公論社、一九五六所収）
倉塚曄子　一九七九『巫女の文化』平凡社
小池香津江　一九九七「三輪山周辺の祭祀遺跡」三輪山文化研究会編『神奈備・大神・三輪明神』東方出版
国立歴史民俗博物館編　二〇〇七『弥生はいつから!?　―年代研究の最前線―』
小林行雄　一九五二「同范鏡による古墳の年代の研究」『考古学雑誌』三八巻三号
小林行雄　一九五七「初期大和政権の勢力圏」『史林』四〇巻四号
設楽博己編　二〇〇四『揺らぐ考古学の常識―前・中期旧石器捏造問題と弥生開始年代―』総合研究大学院大

学
立花　隆　一九九四『生、死、神秘体験』（遠藤周作との対談、一五二〜一五五ページ）書籍情報社
寺沢　薫　一九八八「三輪山の祭祀遺跡とそのマツリ」和田萃編『大神と石上―神体山と禁足地―』筑摩書房
西本豊弘編　二〇〇六『新弥生時代のはじまり第一巻　弥生時代の新年代』雄山閣出版
西本豊弘編　二〇〇七『新弥生時代のはじまり第二巻　縄文時代から弥生時代へ』雄山閣出版
橋本輝彦　二〇一一「纒向遺跡発掘の成果」奈良県立図書情報館編『邪馬台国と纒向遺跡』学生社
春成秀爾・今村峯雄編　二〇〇四『弥生時代の実年代―炭素14年代をめぐって―』学生社
平林章仁　二〇一一「「日の皇子」攷」『龍谷史壇』一三三号
広瀬和雄　二〇〇三『前方後円墳国家』角川書店
広瀬和雄編　二〇〇七『弥生時代はどう変わるか―歴博フォーラム　炭素14年代と新しい古代像を求めて―』学生社
広瀬和雄　二〇一九『前後円墳とは何か』中公叢書
藤尾慎一郎　二〇一一『〈新〉弥生時代―五〇〇年早かった水田稲作―』吉川弘文館
水原洋城　一九八八『猿学漫才―ニホンザル、人間を笑う―』光文社
吉田　孝　一九九七『日本の誕生』岩波新書

第2章

石野浩司　二〇一二「『朔旦冬至』と「神宮式年遷宮」立制論」皇學館大學編『神宮と日本文化』皇學館大學
稲垣榮三　一九七三『古代の神社建築』至文堂

井上光貞　一九八四『日本古代の王権と祭祀』東京大学出版会
榎村寛之　一九九七「伊勢神宮の建築と儀礼―棟持柱建物は神社建築か？―」上田正昭編『古代の日本と渡来の文化』学生社
岡田精司　一九七〇『古代王権の祭祀と神話』塙書房
小田富士雄編　一九八八『古代を考える　沖ノ島と古代祭祀』吉川弘文館
隠岐島前教育委員会編　一九八四『郡山東古墳の調査』隠岐島前教育委員会
加藤謙吉　二〇〇四「「歴史の出発点」としての雄略朝―ワカタケル大王と豪族たち―」遠山美都男編『日本書紀の読み方』講談社現代新書
金子裕之　一九八〇「古代木製模造品」『奈良国立文化財研究所研究論集』VI
金子裕之　一九八五「平城京と祭場」『国立歴史民俗博物館研究報告』七集
金子裕之　一九八八「都城と祭祀」小田富士雄編『古代を考える　沖ノ島と古代祭祀』吉川弘文館
勝部　昭　一九七九「隠岐の古代遺跡」『歴史手帖』七巻一二号
勝部昭他　一九八四『郡山東古墳』海士町教育委員会
加茂町教育委員会　一九九七『加茂岩倉遺跡発掘調査概報』1
岸　俊男　一九八四「画期としての雄略朝―稲荷山鉄剣銘付考―」岸俊男教授退官記念会編『日本政治社会史研究』上　塙書房
黒田龍二　二〇〇二『纒向から伊勢・出雲へ』学生社
小池香津江　一九九七「三輪山周辺の祭祀遺跡」三輪山文化研究会編『神奈備・大神・三輪明神』東方出版
坂本太郎　一九三四「聖徳太子の鴻業」『岩波講座　日本歴史』第二・上代一

佐々木宏幹　一九七二「Ecstasy と Possession に関する若干の覚え書―南アジア・シャーマニズムの一側面―」古野清人教授古稀記念会編『現代諸民族の宗教と文化』社会思想社
笹生　衛　二〇一二a「人形と祓物―土製人形の系譜と祓の性格を中心に―」『國學院雑誌』一一三巻一一号
笹生　衛　二〇一二b『日本古代の祭祀考古学』吉川弘文館
島根県教育委員会・朝日新聞社編　一九九七『古代出雲文化展―神々の国　悠久の遺産―』
島根県教育委員会他編　二〇〇二『青銅器埋納地調査報告書1　銅鐸編』島根県教育委員会
島根県教育委員会他編　二〇〇六『青銅器埋納地調査報告書2　武器型青銅器編』島根県教育委員会
島根県古代文化センター・島根県埋蔵文化財調査センター編　二〇〇四『青銅器の同笵関係調査報告書1』島根県教育委員会
清水みき　一九八三「湯舟坂2号墳出土環頭太刀の文献的考察」『湯舟坂2号墳』久美浜町教育委員会
白原由起子　二〇一一「概説　春日の風景―麗しき聖地のイメージ―」、「春日宮曼荼羅―図様の諸相と展開―」根津美術館展示目録『春日の風景―麗しき聖地のイメージ―』
新谷尚紀　二〇〇〇『神々の原像―祭祀の小宇宙―』吉川弘文館
新谷尚紀　二〇〇九a「日本民俗学のフランス調査―ブルターニュのパルドンとトロメニ―」『史境』五八号
新谷尚紀　二〇〇九b「大和王権と鎮魂祭―民俗学の王権論：折口鎮魂論と文献史学との接点を求めて―」『国立歴史民俗博物館研究報告』一五二集
新谷尚紀　二〇〇九c『伊勢神宮と出雲大社―「日本」と「天皇」の誕生―』講談社選書メチエ
新谷尚紀　二〇二〇『伊勢神宮と出雲大社―「日本」と「天皇」の誕生―』講談社学術文庫
新谷尚紀・関沢まゆみ　二〇〇八『ブルターニュのパルドン祭り―日本民俗学のフランス調査―』悠書館

関沢まゆみ　二〇〇五　『宮座と墓制の歴史民俗』吉川弘文館
大社町教育委員会　二〇〇四　『出雲大社境内遺跡』大社町教育委員会
田中　卓　一九八五　『伊勢神宮の創祀と発展―田中卓著作集四―』国書刊行会
津田左右吉　一九四八　『日本古典の研究』上　岩波書店
寺沢　薫　一九八八　「三輪山の祭祀遺跡とそのマツリ」　和田萃編『大神と石上―神体山と禁足地―』筑摩書房
東野治之　一九九二　『遣唐使と正倉院』岩波書店
直木孝次郎　一九六〇　「伊勢神宮の起源」　直木孝次郎・藤谷俊雄『伊勢神宮』三一書房
直木孝次郎　一九六四　『日本古代の氏族と天皇』塙書房
仁木　聡　二〇〇九　「沖ノ島遺跡にみる古墳時代の遺制について」　島根県古代文化センター・島根県埋蔵文化財調査センター編『古代出雲における玉作の研究三　出雲玉作の特質に関する研究』島根県古代文化センター
橋本輝彦　二〇一一　「纒向遺跡発掘の成果」　奈良県立図書情報館編『邪馬台国と纒向遺跡』学生社
K・ポランニー　一九六〇　『人間の経済（2）交易・貨幣および市場の出現』第一部「社会における経済の位置」岩波書店
堀　一郎　一九七四　『シャーマニズム』冬樹社
黛　弘道　一九六二　「推古朝の意義」『岩波講座日本歴史二　古代二』岩波書店
三浦正幸　二〇一三　『神社の本殿』吉川弘文館
水原洋城　一九八八　『猿学漫才―ニホンザル、人間を笑う―』光文社
宮家準・佐々木宏幹　一九九八　「民俗宗教研究の現在」『歴博』八八号

宗像神社復興助成会編　一九六一　『続沖ノ島―宗像神社沖津宮祭祀遺跡―』吉川弘文館
牟禮　仁　一九九九　『大嘗・遷宮と聖なるもの』皇學館大學出版部
森　博達　一九九九　『日本書紀の謎を解く―述作者は誰か―』中公新書
山中　章　二〇〇八　「律令国家と海部」広瀬和雄・仁藤敦史編『支配の古代史』学生社
M. Eliade 1951 *Le Chamanisme et les Techniques archaiques de l'extase*（堀一郎訳『シャーマニズム―古代的エクスタシー技術―』冬樹社、一九七四）
R.L. Jones 1968 "Shamanism in South Asia", *History of Religions*, vol. 7, No. 4.
I. M. Lewis　1971 *Ecstatic religion*（平沼孝之訳『エクスタシーの人類学』法政大学出版局、一九八五）

第3章

井上寛司　二〇〇二　「中世諸国一宮制と二十二社・一宮制」『日本史研究』四七五号
上田正昭監修　一九九三　『平野神社史』平野神社社務所
岡田荘司　一九九四　『平安時代の国家と祭祀』続群書類従完成会
小椋純一　一九九二　『絵図から読み解く人と景観の歴史』雄山閣出版
小椋純一　一九九六　『植生からよむ日本人の暮らし―明治期を中心に―』雄山閣出版
小林太市郎　一九四六　「辟邪絵に就いて」『大和絵史論』全国書房
中野幡能　一九七五　『八幡信仰史の研究　増補版』上・下　吉川弘文館
二宮正彦　一九六二　「八幡大神の創祀について」『続日本紀研究』一〇〇・一〇一・一〇二号
横井靖仁　二〇〇四　「「鎮守神」と王権」一宮研究会編『中世一宮制の歴史的展開下―総合研究編―』岩田書

院
柳田國男　一九四七『氏神と氏子』小宮山書店（『定本柳田國男集』一一集、筑摩書房、一九六九所収）

第4章

我妻建治　一九五九「十四世紀における紀伊国隅田庄の在地構造」『歴史』一八
熱田　公　一九八五「紀伊国隅田荘の在地構造について―宝治・建長の土地台帳をめぐって―」岸俊男教授退官記念会編『日本政治社会史研究』下　塙書房
井上寛司　一九七三「紀伊国隅田党の形成過程」『ヒストリア』六四
奥田真啓　一九八〇『中世武士団と信仰』柏書房
久留島典子　一九九六「隅田荘関係文書の再検討―隅田葛原氏を中心に―」『国立歴史民俗博物館研究報告』六九集
佐藤和彦　一九六八「在地領主制の形成と展開―紀伊国伊都郡隅田庄を中心として―」『史観』七八
佐藤三郎　一九三八「中世武士社会に於ける族的団結」『社会経済史学』八―三
新谷尚紀　一九九六「家の歴史と民俗―上田三家の世代継承と先祖認識―」『国立歴史民俗博物館研究報告』六九集
新谷尚紀　二〇一七『氏神さまと鎮守さま―神社の民俗史―』講談社選書メチエ
高村　隆　一九七六「室町期における在地領主制の展開―紀伊国伊都郡隅田庄を素材として―」『史叢』一九
遠山茂樹　一九三八「紀伊隅田荘及び隅田党に関する論文二」『歴史学研究』八―一二
豊田　武　一九八三『中世の政治と社会』（豊田武著作集第七巻）吉川弘文館

埴岡真弓　一九八一「紀伊国隅田庄における祭祀の史的展開―宮座の重層構造を通して―」『寧楽史苑』二六
舟越康寿　一九三八「隅田庄と隅田党」『経済史研究』二〇―三
舟越康寿　一九三八「隅田党の成立と発展」『経済史研究』二〇―四
舟越康寿　一九三八「隅田荘民の生活」『経済史研究』二〇―六
増山正憲　一九七〇「中世高野山領荘園の特質―隅田荘分田目録を中心として―」『中世史研究』三・四合併号
増山正憲　一九七六「紀伊国隅田荘における高野山の進出と在地領主の対応」『高野山史研究』一号
和歌山県編　一九七五『和歌山県史』中世史料一

第5章

大朝町史編纂委員会編　一九七八『大朝町史 上巻』大朝町
大朝町史編纂委員会編　一九八二『大朝町史 下巻』大朝町
岸田裕之　一九八三『大名領国の構成的展開』吉川弘文館
岸田裕之　二〇〇一『大名領国の経済構造』岩波書店
岸田裕之　二〇〇四『毛利元就』ミネルヴァ書房
木村信幸　一九九九「国人領主吉川氏の権力編成―惣領・隠居・同名を中心にして―」『史学研究』二二五号
新谷尚紀　二〇〇九『伊勢神宮と出雲大社―「日本」と「天皇」の誕生―』講談社選書メチエ
千代田町役場編　一九八七『千代田町史　古代中世資料編』
名田富太郎　一九五三『山県郡史の研究』名田朔郎
広島県編　一九二三『広島県史　第二編　社寺史』帝国地方行政学会

広島県編　一九七八『広島県史　民俗編』広島県
三浦正幸　二〇〇二「中世の寺社建築」『千代田町史　通史編（上）』千代田町役場
三浦正幸　二〇〇六「厳島神社の社殿」『日本の神々と祭り』国立歴史民俗博物館
三浦正幸　二〇一三『神社の本殿』吉川弘文館

第6章

安達一郎　一九三九「若狭大島採訪記」『南越民俗』二―四
今石みぎわ　二〇一八「十三　オンジャウの杜」　おおい町立郷土史料館編『大島半島のニソの杜の習俗調査報告書』おおい町教育委員会
今井美千穂　二〇一八「各杜の植生分布の概要」　おおい町立郷土史料館編『大島半島のニソの杜の習俗調査報告書―資料編―』おおい町教育委員会
おおい町立郷土史料館編　二〇一八a『大島半島のニソの杜の習俗調査報告書』おおい町教育委員会
おおい町立郷土史料館編　二〇一八b『大島半島のニソの杜の習俗調査報告書―資料編―』おおい町教育委員会
おおい町立郷土史料館編　二〇一九『ニソの杜と先祖祭り』おおい町教育委員会
折口信夫　一九二八「大嘗祭の本義」『國學院雑誌』三四巻九・一一号（『折口信夫全集』三巻、中央公論社、一九五五所収）
金関　恕　一九八二「神を招く鳥」『考古学論考―小林行雄博士古稀記念論文集―』平凡社
金田久璋　一九七九「ニソの杜と若狭の民間信仰」『歴史手帖』七―五　名著出版

金田久璋　一九九七　「祖霊信仰」赤田光男ほか編『講座日本の民俗学7　神と霊魂の民俗』雄山閣出版
金田久璋　一九九八　『森の神々と民俗―ニソの杜から考えるアニミズムの地平―』白水社
黒田迪子　二〇一八　「鍛冶の神々とふいご祭りの民俗伝承」新谷尚紀編『民俗伝承学の視点と方法―新しい歴史学への招待―』吉川弘文館
佐々木勝　一九八三　『屋敷神の世界―民俗信仰と祖霊―』名著出版
新谷尚紀　一九八七　「人と鳥のフォークロア―民俗世界の時間と構造―」『国立歴史民俗博物館研究報告』一五集
新谷尚紀　二〇〇〇　『神々の原像―祭祀の小宇宙―』吉川弘文館
鈴木棠三　一九四四　「若狭大島民俗記　一・二」『ひだびと』一二―三・四、五号
関沢まゆみ　二〇二〇　「若狭のニソの杜の祭地と水源」『國學院雑誌』一二一巻八号
直江廣治　一九六六　「「ニソの杜」信仰とその基盤」　和歌森太郎編『若狭の民俗』吉川弘文館
橋本鉄男　一九六〇　「ニソの杜」『近畿民俗』二六
福田アジオ　一九六六　「若狭大島の村構成と親方子方制度」　和歌森太郎編『若狭の民俗』吉川弘文館
安間　清　一九五〇　「ニソの杜」『民間伝承』一四―一一（千葉徳爾記述）
安間　清　一九五二　「福井縣大飯郡大島村ニソの杜調査報告」『民俗学研究』三
安間　清　一九八〇　『柳田國男の手紙―ニソの杜民俗誌―』大和書房
柳田國男　一九三八　『木綿以前の事』創元社（『定本柳田國男集』一四集、筑摩書房、一九六九所収）
李　春子　二〇〇一　「大島半島のニソの杜と住民生活の変容から見る伝承の考察」『社会システム研究』四
李　春子　二〇〇二　「ニソの杜祀りの伝承の現在―大島半島の事例を中心に―」『日本民俗学』二三〇

あとがき

本書の「神社の起源と歴史」という題名、「考古学と文献史学と民俗学の学際的な研究視点からの分析」という内容、いずれも畏れ多いものです。その刊行にあたり、たいへん恐縮し感謝しています。

大学に入学するために上京したのは、一九六七年（昭和四十二）三月のことでした。青年の志とは別に十分に勉学に集中することが困難であった時代の四年間でしたが、その中にも多くの貴重な出会いがありました。図書館に籠もる中で出会った柳田國男の著作と『民間伝承』という雑誌は、文学部史学科に所属しながらの自分を民俗学の研究へと強く導いてくれました。大学院では、柳田や折口信夫の民俗学を志すのならば、歴史史料や古典にも通暁していた二人の先達と同じように、まずは相手を知り己を知れば…のたとえのとおりに、という恩師のすすめにより、修士課程では中世古文書学、博士課程では古代史学のゼミにそれぞれ加えていただきました。

あれから長い道のりでしたが、多くの先生方と多くの職場の方々と数え切れないほど多くの調査現場でお世話になり、ご教示いただいた皆様方との貴重な出会いがありました。そのありがたいおかげによって、まがりなりにも今日まで民俗学の研究を続けてくることができました。中でも決定的だったのは、井上光貞氏による新しい歴史学の創生へという構想のもとに設立された国立歴史民俗博物館への着任でした。井上氏の構想とは、文献史学と考古学と民俗学の三学協業を中心に分析科学も加えた新しい歴史科学の創生を、というものでした。柳田國男は、自分の提唱している民俗学は民間伝承を研究する学問であり、歴史の中の伝承と変遷という動態を比較研究という方法によって読み解いていく、広い意味での新しい歴史学である、とくりかえしのべていたのですが、残念ながら民俗学の後継者とみなされていた研究者の多くは、肝心なその柳田の提唱をよく理解できていませんでした。古代史が専門でありながら、『定本 柳田國男集』をしっかりと読んでいたといわれる井上氏の方が、むしろ柳田の独創性をよく理解していたのでした。

国立歴史民俗博物館に着任してからは、つとめて学際的な共同研究へと参加していきました。個人的には「生と死」、「神と仏」、「高度経済成長と生活変化」などを基本的な研究テーマとしましたが、二〇〇〇年度の科学研究費の採択から以降は、「神社とは何か」というテーマが一つの柱となりました。数年後に共同研究の成果としての研究展示の開催（二〇〇六年三月〜五月）とその図録『日本の神々と祭り─神社とは何か？─』の刊行が実現し、一つの画期となりました。同じ国立歴史民俗博物館で民俗学専門の関沢まゆみ氏とともに進めた共同研究と研究展示でしたが、そのときのプロジェクト委員の先生方、そしてご理解とご教示ご協力をいただいた神社の皆さま方、とくに伊勢の神宮司廰の和田年弥様、出雲大社の千家尊祐様、千家隆比古様、千家和比古様、北島英孝様、北島建孝様、佐太神社の朝山芳圀様、祇園八坂神社の真弓常忠様、森壽雄様、厳島神社の野坂元良様、野坂元臣様、飯田楯明様、福田道憲様、の御恩は決して忘れません。ほんとうにありがとうございました。そのようなご縁をいただいてからのち、以下のような論文と著書を発表していくことができました。二〇一〇年に國學院大學に移ってからもそれはつづき、その成果はいずれも本書へとつながっています。

①『博物館と大学院―「神社とは何か」の研究展示から見えてきたもの―』教育研究プロジェクト特別講義〈第8号〉、総合研究大学院大学日本文学研究専攻、二〇〇六年

②「伊勢神宮の創祀―日本民俗学の古代王権論―」『国立歴史民俗博物館研究報告』第一四八集、二〇〇八年

③「大和王権と鎮魂祭―民俗学の王権論：折口鎮魂論と文献史学との接点を求めて―」『国立歴史民俗博物館研究報告』第一五二集、二〇〇九年

④『伊勢神宮と出雲大社―「日本」と「天皇」の誕生―』講談社選書メチエ、二〇〇九年

⑤「日本民俗学（伝承分析学 traditionology）からみる沖ノ島―日本古代の神祇祭祀の形成と展開―」『「宗像沖ノ島関連遺産群」研究報告Ⅱ―1』「宗像・沖ノ島と関連遺産群」世界遺産推進会議、二〇一二年

⑥『伊勢神宮と三種の神器―古代日本の祭祀と天皇―』講談社選書メチエ、二〇一三年

⑦『氏神さまと鎮守さま―神社の民俗史―』講談社選書メチエ、二〇一七年

⑧『神道入門―民俗伝承学から日本文化を読む―』ちくま新書、二〇一八年
⑨「宗像三女神」『季刊考古学別冊27　世界のなかの沖ノ島』雄山閣、二〇一八年
⑩「ニソの杜とは何か―これまでの日本民俗学の取り組みと今回の調査結果からの報告―」『ニソの杜と先祖祭り』おおい町教育委員会、二〇一九年

以上の一〇点の論文と著書は、いずれもテーマが絞られていたものであり、単発的であり、日本の神社の歴史を通じた一貫性のあるものとはなっていませんでした。そこで、本書では日本の神社の起源と歴史という全体的な構想のもとに、通史的に解読するという方針のもとで重要な論点をまとめてみました。通史的にという点がここで重要なのですが、それは考古学と文献史学と民俗学という隣接分野の学際協業による通史的な視点という意味です。

本書の叙述の元となった論考としては、とくに④・⑥の二冊と、⑤の一編を、第一章と第二章に反映させています。第三章の一部には、①と、⑧を反映させています。第四章と第五章には、⑦の一部を反映させています。そして、第六章には、⑩の論文の一部を反映させています。ただしもちろん、本書では全体がまとまりのある一冊となるように、新たな加筆修正や新たな書下ろしを大幅に施してあります。

本書が、民俗伝承学としての民俗学、新たな歴史科学としての民俗学、の活性化へ向けて、また文献史学と考古学と民俗学の学際協業の活性化に向けて、の小さな一歩として少しでもお役に立つこと

ができればありがたいと思っています。

本書の刊行にあたっては吉川弘文館のみなさま、とくに石津輝真氏にたいへんお世話になりました。実際の編集作業を進めていただいたのは岡庭由佳氏でした。ありがとうございました。

二〇二一年五月

新谷尚紀

著者略歴

一九四八年、広島県に生まれる
一九七一年、早稲田大学第一文学部日本史学科卒業
一九八一年、早稲田大学大学院史学専攻博士後期課程単位取得退学
一九九八年、社会学博士（慶応義塾大学）
現在、国立歴史民俗博物館名誉教授、国立総合研究大学院大学名誉教授、元國學院大學文学部及び大学院教授

〔主要著書〕

『柳田民俗学の継承と発展』吉川弘文館、二〇〇五年
『伊勢神宮と出雲大社』講談社、二〇〇九年
『民俗学とは何か』吉川弘文館、二〇一一年
『葬式は誰がするのか』吉川弘文館、二〇一五年
『神道入門』筑摩書房、二〇一八年

神社の起源と歴史

二〇二一年（令和三）七月十日　第一刷発行

著　者　新《しん》谷《たに》尚《たか》紀《のり》
発行者　吉川道郎
発行所　株式会社 吉川弘文館
郵便番号一一三―〇〇三三
東京都文京区本郷七丁目二番八号
電話〇三―三八一三―九一五一〈代表〉
振替口座〇〇一〇〇―五―二四四番
http://www.yoshikawa-k.co.jp/

印刷＝株式会社 理想社
製本＝誠製本株式会社
装幀＝伊藤滋章

ISBN978-4-642-08400-0

新谷尚紀著

民俗伝承学の視点と方法
新しい歴史学への招待　〈僅少〉A5判／九五〇〇円

柳田民俗学の継承と発展
その視点と方法　〈僅少〉A5判／一二〇〇〇円

民俗学とは何か
柳田・折口・渋沢に学び直す　A5判／一九〇〇円

お葬式
死と慰霊の日本史　四六判／一五〇〇円

葬式は誰がするのか
葬儀の変遷史　A5判／三五〇〇円

両墓制と他界観〈オンデマンド版〉
（日本歴史民俗叢書）　A5判／一二〇〇〇円

神々の原像〈オンデマンド版〉
祭祀の小宇宙　（歴史文化ライブラリー）　四六判／二三〇〇円

（価格は税別）　吉川弘文館